小微企业管理培训丛书

丛书总主编：王国成 葛新权 崔 晖

草根企业家

如是说

主 编：王国兴
副主编：罗 慧 王 维

经济管理出版社
ECONOMY & MANAGEMENT PUBLISHING HOUSE

图书在版编目（CIP）数据

草根企业家如是说/王国兴主编 . —北京：经济管理出版社，2016.6
ISBN 978 - 7 - 5096 - 4297 - 9

Ⅰ.①草… Ⅱ.①王… Ⅲ.①中小企业—企业管理 Ⅳ.①F276.3

中国版本图书馆 CIP 数据核字（2016）第 051903 号

组稿编辑：谭　伟
责任编辑：谭　伟　张巧梅
责任印制：黄章平
责任校对：超　凡

出版发行：经济管理出版社
　　　　　（北京市海淀区北蜂窝 8 号中雅大厦 A 座 11 层　100038）
网　　址：www. E - mp. com. cn
电　　话：（010）51915602
印　　刷：北京晨旭印刷厂
经　　销：新华书店
开　　本：720mm×1000mm/16
印　　张：11.5
字　　数：149 千字
版　　次：2016 年 6 月第 1 版　　2016 年 6 月第 1 次印刷
书　　号：ISBN 978 - 7 - 5096 - 4297 - 9
定　　价：38.00 元

丛书总序

"我很小，但充满活力"，"我不是参天大树，但却能联手支撑着整个国家的经济大厦，维系着寻常百姓的日常生计"。这就是我们"单个渺小，总量巨大"的小微企业，我们接地气、识大局，具有高成长性、策略灵活、应变能力强等特点，但同时也面临着如下问题：发展方向不明确，缺乏做强做大的持续动力；"急、小、短"的融资成本高、风险高，渠道不畅不稳；管理水平和人员素质亟待提高等。我们急切需要针对性强、适合我们自己的管理咨询和指导培训，需要社会各界更多的关注和支持。

小微企业是经济增长的原动力，是维系一个国家经济总体增长和社会发展的命脉与重要基础性因素，现如今和今后相当长一段时期内是我国小微企业难得的发展战略机遇期，但专门为小微企业（家）编写的管理知识和培训教材极其缺乏，零散可见，并且可借鉴的一般企业管理的书籍未成体系、未提升为品牌。为满足小微企业（家）自身提升的迫切需求，海峡两岸相关领域的学者和企业家联合，在产、学、研结合的基础上，用行为实验、博弈策略和人本管理等经济管理前沿理念和先进方法，深入研究大量积累的、丰富的（中）小微企业管理的本土案例，创新管理知识读本和培训模式，拟专门为创办经营小微企业的创业者推出一套特色鲜明的管理咨询和指导培训系列丛书。

由于工作和教学的缘故，近年来本人结识了一批颇有活力和特色的草根企业家，他们或许没有聪颖的天资、雄厚的资金、高端的技术、良好的机遇、强大的人脉等，但他们都有梦想、追求、毅力、正气……主要凭借自身的努力使生活更有滋味，使人生更精彩。这类面对成功和失败、荣誉和挫折的经验与做法，对绝大多数普普通通的人来说可分享、可复制、接地气、有人气，在"互联网＋"和众筹时代，经过发酵、传导、提升和延展，必将在大众创业、万众创新中放射出强劲的正能量，也一定能为小微企业"强身健体"抗风险、破"小打小闹"之困局助力引航。

课上和课下的教学研讨，使我与众多草根创业者和有志之士相聚、相识、相知，我们有共同的兴趣和愿望，有良好的合作机遇和基础，我们一次次长谈，一点点调研，一层层策划，一步步推进，形成了这套丛书的构思和框架。专门针对小微企业的特点，本丛书的初步策划如下：

丛书名：《小微企业管理培训丛书》

之一：咱们创业去（已出版）

之二：草根企业家如是说（系列）

之三：畅游市场——营销管理与产品定位

之四：恰到好处——成本节约与物流管理

之五："税"意朦胧——税务合理筹划

之六："钱"程似锦——融资投资与财务管理

之七：与谁携手——并购联合与结盟、资源整合

之八：他山之石——国外中小企业经营管理经验借鉴

……

之X：制胜经验——小微企业管理案例分析

不求作为小微企业管理的金科玉律和"葵花宝典"，不奢望成为企业家的案头必备和灵丹妙药，但愿为创办小微企业道上的同行们，在遇到风雨坎坷时，能从中获取化解的启示和招数；当乐享成功的喜

悦时，能从中明确进取的方向和汲取动力。本丛书创作团队的成员主要来自祖国海峡两岸的相关企业和科研机构，理论和实业家们共同携手与深入探讨，真正地将产、学、研结合与共同创造，"切身感受、深入研究、多年积淀、本土实用"，这就是我们的共同期望，也是我们的集体名片。

　　同植沃土，同怀梦想。
　　小微企业，创业腾飞！

　　勉为序！

王国成

2015 年 1 月

中国社会科学院

gcwang305@ aliyun. com

前　言

（一）

李克强总理提出"大众创业、万众创新"的号召，使"创客"一词为更多的人所了解和接受。我们知道创业创新是科学发展的活力之母、动力之源，也就是说，只有不断地创新，才有发展，才有进步。而我们每个人的人生理想和价值则需要创业创新来实现，越来越多的人规划并追逐着自己的求学梦、创业梦、安居梦、致富梦，追逐着人生出彩的机会与梦想成真的机会。

小微企业是实施"大众创业、万众创新"的重要载体，是促进国民经济和社会发展的重要力量，在增加就业，促进经济发展、科技创新与社会和谐稳定等方面具有不可替代的作用。

推进"大众创业、万众创新"是企业发展的动力之源，也是富民之道、公平之计、强国之策。确定"大众创业、万众创新"战略，能促进企业创新发展，激发社会活力。这对于推动经济结构调整、打造发展新引擎、增强发展新动力、走创新驱动发展道路具有重要意义，也是稳增长、扩就业、激发亿万群众的智慧和创造力，促进社会纵向流动、公平正义的重要举措。

不可否认的事实是，"企业难做"是现如今很多小微企业草根老板们的共同感受。而"难做"的原因则包括：人工太贵、产品销路难找、利润太薄、企业融资成本太高、国家税收太重等，如何化解这些矛盾也需要我们深入思考，进而引起社会各界的关注，并提出行之有效的解决方式。

草根创业者们充满创业梦想和创业激情，创业之初也许为没有背景、金钱、丰富的资源而怀疑自己、徘徊不前。结合自己创业的亲身体会，其实，草根创业者一样可以成功！但路在何方？

首先，一定要选择自己感兴趣的行业来创业。只要你选择了创业这条路，就要无怨无悔地坚持下去，不管是成功还是失败，都必须默默地承受下来，这样持之以恒，一定会有所收获，最后成就自己。

其次，欲望、忍耐、眼界、明势、敏感、人脉、谋略、胆量、与他人分享的愿望和自我反省的能力是创业者的十大素质。同时创业者也需要有职业经理人的技能，如有效沟通、时间管理、绩效管理、团队领导、营销管理、组织管理等。

再次，"双赢思维"与"知彼知己"是商业基本原则，也是创业实践原则。商业实践中不是非对即错、非此即彼，而是一个创新、妥协、发现和思考的过程。我们面对的是一个真实的社会，创业者需要深层次地了解和运用这个社会的真实运行规律，把握住一切可以了解到的商机。创业者不但需要这样一种能力，而且必须具备这样一种能力。

最后，草根创业者还需要有忍受孤独、失败、屈辱的过硬素质，在孤独、失败、屈辱的废墟上重塑信心与梦想；要有抵制不被尊重的心理准备，更要有用行动赢得尊重的执行力；要有用丰富表情征服一切的自信，更要有用独到的眼光发掘潮流商机的直觉。

（二）

这是一个自然界里的故事，它讲的是草木的一生。在这些草木的身上体现了一个古老的生命法则：生命的每一次新生，都是需要追溯的。虽然一切都在消失，根却只有一个；汲取养分酝酿成醉人的绿还给大地，而最终回归内心的生活方式。

草木因其平凡而具有顽强的生命力；草木是阳光、水和土壤共同创造的生命；草木看似散漫无羁，但却生生息息，绵绵不绝；小草或许不会长成参天大树，但参天大树的成长也是和小草一样从大地里汲取养分，与小草为伴，与小草同生，因植根于大地而获得永生。

从这个角度来讲，小草能茁壮成长，是它的秘密，也许我们无法领会。但我们知道草根它定在一个地方，伸展深藏的内力，向地下、天空、四周展开它生命的想象，水从根走到叶，力量从地下爬上天空，哪儿都是它的自由所在，哪儿都是它的家园，哪儿都因为它的存在而生动。但它成长的过程必定是在汲取大地养分的基础上，成就它未来的高大和自由。

草根代表着这样一群人：他们知道自己很优秀，眼界比别人宽，舞台比别人大。但是他们简单、低调，热爱身边的每个人，不自大，快乐地追求着自己的未来。

所有草根出身的企业家都有一个共同特点：善于学习，善于抓住问题的本质。市场经济都有其基本规律可循，只是手段改变了而已，所以草根没有什么不好的。草根不断扎根发芽并不断成长，它在汲取自己生存的养分，努力过了，在这个世界有一定的收获，这就是一种成功。

植物的成长靠的是根须对大地的索求，我们的进取是学习和经验的积累。学识决定未来,这里所说的学识,是指学习的态度和知识的应用,是一种"转识成智"的方法,就是将你学到的知识应用到你的人生智慧里。所以说,读书在你未来发展的路上会起到非常重要的作用,如果不读书,不去汲取知识,一心靠什么经验、人脉、关系等折腾,那么在未来的创业过程中,就会很容易被淘汰。

经验就是你学习的积累和知识的应用。我们在现实生活中的经验往往是片面的、呈点状的,你可能会因为一两次经历而顿悟出一两个弥足珍贵的道理,但很快,像以前很多次一样,激动了一两天,你马上就忘却了,以前该怎样现在还是怎样。原因在于,它们只是你脑海中零散的存在,并没有成为一个完整的知识体系,支撑着你,形成你的信仰。而读书给你的是系统的知识归类和梳理,将所有的点连成一个面,从而进行系统归纳。读书带给我们更多的是梳理问题的方法和思维方式,而这些并不是经验所能代替的。

读书能带给我们在经验上的补充,所有草根出身的企业家都有一个共同特点:善于学习,善于抓住问题的本质。有位创业成功者这样认为,"更重要的是知识的积累、人格的积累、敬业精神的积累。一天到晚想赚钱的人,不一定能赚到钱;成天想如何把事情做好的人,反而能赚大钱"。

(三)

时代在前进,我们在众多的草根创业者中选了20位创业者,也许他们并非是最具有时代特色的,但他们各有各的特点,是其中的一个缩影,并不代表全部,他们用自己的创业经历,演绎了自己的创业故事,这些草根创业者或深或浅的足迹,值得我们参考与借鉴。

《草根企业家如是说》通过20个不同行业小微企业家的亲身感受和朴实的语言来展现他们在创业过程中的眼光、胆识、谋略和境界,重点介绍小微企业是如何结合相关政策与有关部门和企业之间成功协调交流获得有利形势的做法和经验。同时本书也努力从微观到宏观，从理论到实际，多视角、多侧面地剖析这些企业家在创业过程中遇到的问题，找出小微企业发展过程中的规律和特点，切实提高其他小微企业对政策的知晓度和应用能力，提高小微企业在管理经营方面的能力，增强小微企业发展的信心，推进"大众创业、万众创新"的目标。

学习是提高自身素养的唯一道路，正如佛教里所讲的"多闻工艺精"。也就是说多听多学，博闻广见，对于我们所处的行业、所掌握的技能会精益求精，转识成智，帮助自己轻松地面对困难和更好地处理创业和创新中出现的问题。

创业的风风雨雨常常让我们有着很多的感慨。中国改革开放到今天，真正在经济领域有所作为的大部分都是草根，是靠草根来推进整个中国的改革开放和现代化建设的。

草根的力量其实是很强大的，应该为此感到自豪和自信。

（四）

《草根企业家如是说》的出版，试图以有类似经验教训的过来人的现身说法，来传递正确的"双创"理念，为创业创新模式发展抛砖引玉，为志在创新创业者提供深度启发和具体指导，所以，如果该书能起到抛砖引玉的作用，让更多的有识之士来共同关心创业者在创业过程中遇到的问题，并进一步深入探讨和帮助更多的创业者创业，我们的目的就达到了。

本书在编写过程中，得到了很多朋友和同行的支持，他们是：邯郸市就业局黄海涛主任、郭立新局长，青岛市人社局王力处长等，无锡市劳动就业管理中心范日华副主任，泸州市就业局高文庆局长，沧州市人社局赵军主任等，西宁市人社局王泽丽副局长，在这里我一并表示感谢！

王国兴

2016 年 2 月 9 日

不忘初心，方得始终

——对中国创业的思考

罗慧

李克强总理在十二届人大三次会议上提出"推动大众创业、万众创新"全国战略后，让很多人都觉得大好时机已到，是该大展拳脚的时候了。他们纷纷脱离原来的生活圈，开始摆地摊，开店铺，建公司。有数据显示，从2014年3月到2015年5月全国诞生了近500万家创业型企业，换句话说，就是在这两年时间里几乎每天有1万家企业诞生，当然每天也有近万家企业宣布倒闭。这就让我们深思，李克强总理提出的"创业"是这种开张关门的散钱游戏吗？是街边开个店铺，到工商部门注册个公司就是创业吗？如果这个问题弄不清楚，就会出现很多跟风创业者前仆后继地在这个创业熵增行为下成为牺牲品。

一、创业是什么

创业是为了借着宏观形势的春风，让民众坐着过山车的散钱游戏吗？答案肯定不是。那么创业到底是什么呢？在百度百科上总结的创业定义比较能贴切地表述这个词的内涵，"创业是创业者对自己拥有的资源或通过努力对能够拥有的资源进行优化整合，从而创造出更大经济或社会价值的过程。"因此，创业的广义概念是指创办事业（在2007年商务印书馆出版的《现代汉语词典》第五版有所阐释），狭义概念是指创办企业。由此看出国家提倡的创业不单指创办企业，也可以在政府的扶持下和其他人在孵化基地实现理想，也可以作为企业外部的创客参与创新分享果实，更可以是企业内部员工通过自己创新工作实现价值。只要通过资源整合为社会创造了更大经济或社会价值，就应被认定为是创业者。但由于现在人们对"创业"理解的偏差，导致很多人跟风盲目地开始创办企业。这不但浪费了社会和个人资源，还会打击人们的创业热情。通过本书的阅读您会更深刻地体会到，在没有理性思考的前提下，靠羡慕别人引导自己创办企业是行不通的，也是本书所不倡导的。

二、中国创业的驱动力

在明确了创业概念的基础上，我们要理性地分析一下：为什么李克强总理反复在公开场合提出"双创"的全国战略？当前创业的驱动力到底是什么？

通常，经济增长速度每提高1个百分点，可以吸纳1000万左右的就业机会。但十八大后，党中央对我国经济形势做出了重要判断，其中一条就是：中国经济从高速增长转为中高速增长。因此，经济增长速度放缓成为创业的第一个驱动力，促使创业成为扩大我国就业的有力支撑。

2015年11月，中央提出了一个新的概念——"供给侧改革"。以1992年邓小平同志南方谈话作为标志，中国进入了市场经济时代，中国经济的关注度一直放在需求市场和消费者身上。而"供给侧改革"的提出，让我们重新把注意力从需求转移回供给。这说明从中央到地方都意识到一个问题：不是中国的商品不够，不是中国的购买力不够，但是东西就是卖不出去，人们就是买不到可心的东西。主要原因就是需求和供给不匹配。随着收入的增加，人们对消费的品质也在提高，产品的质量成了消费者消费的首要条件。这就迫使原有企业要靠创新跟上消费者对品质的要求，并且也给草根一个机会挖掘构思参与创业，满足消费者个性化的需求。可见，创业可以帮助我国经济进行结构性调整，供需达到平衡。

"双创"是让生产效率有飞跃性突破的必然要求。迄今为止，人类提高生产率的工作大部分集中在工人所处的外部环境上，比如如何精益生产，如何获得更多的生产要素（包括土地和资本），如何让资本更有效。换句话说，就是把传统认为的生产要素——劳动、土地、资本、企业家才能——进行着各种整合来提高生产效率，但在知识经济时代，关键资产还隐藏在知识工作者的头脑中，那么提升生产效率的工作只有让知识工作者自己启动，才能发挥作用。在此所提到的"知识工作者"指的是所有"学习型人才"，可能没有上过大学，但不影响他通过学习达到创业的目的。正像李克强总理所说："无论什么人，只要有意愿、有能力，都可以靠创业自立、凭创新出彩，都有平等的发展机会和社会上升通道，更好体现尊严和价值。"

三、创业者应具有的思维模式

通过本书的阅读，你除了学习创业者应具备的自身素质和创业管理技能外，还应细细揣摩和学习他们创业的思维模式。通过综合分析这20余位创业者的创业历程，你会发现他们的思维模式和书本上所教授的内容是有所不同的。通常与创业培训相关的书中都是这样告诉我们，如果你想建立一家优秀的公司，就应该用你掌握的资源（包括自己本身的性格素养、自己拥有的知识和人脉）来按照顺序做以下事情：思考创意、市场调研、财务预估、创业团队、创业计划书、寻求投资、开发市场……而这20余位创业者计划都不是按照这个思路进行思考的，他们采用的是一种"成长式的有效推理思维模式"。

斯坦福大学心理学家卡罗尔·德韦克经过长达30多年的研究发现思维模式有两种模式，即固定式和成长式。这两种思维模式共存于一个人身上，根据不同的情景被激活。固定式思维模式主观判断意识很强，不愿轻易认错，会极力为自己辩解保护自己，因为这种思维模式认为"错误就等于失败"，而且比较注重因果推理，即先设定好目标，然后按照计划、按照逻辑顺序有条不紊地预测结果，并且会不屈不挠地实现目标。如果目标有偏差就认为是失败。

相反，成长式思维模式是灵活多变、富有生产力的。这种思维模式总是充满了好奇心，不把错误当作被谴责的原因，而是当成学习和发展的机会。在这种思维促使下，他会主动接触更开放、更先进或更有趣的世界。成长式思维模式者更擅长有效推理，虽然也设定好目标，但是创业者会根据执行过程中的新想法或新状态及时调整目标，具有更多探索精神。

创业者多会采用成长式有效推理思维模式来确定创意可行性，然后利用手中的资源，尽快启动项目。然后在项目进行中调整思路和策略，最后通过学习、努力来实现目标。

成长式有效推理思维模式是一个成熟的创业者应具备的思维特征。这种思维特征会让你抓住机会，集中注意力冷静分析自己和外部环境，用成长的态度看待挫折，不被其他情感所困扰，并能从繁杂事务中剔除无效行为让自己创业之路更清晰。

我国宏观经济形势驱动着创业的步伐，同时中国创业也将是一次替代性变革，是新商业模式、新创业者对旧商业模式、旧创业者的一次革命性替代。这次变革不同以往，政府会简政放权，市场准入门槛降低，以市场化的方法鼓励和引导愿意创业的人能够创业，让有创新想法的人能够实现梦想，让创业创新成为中国经济的一个新的发动机、一个新引擎。帮助千千万万的中国人民通过创业创新走出"一条有中国特色的众人创富、劳动致富之路"。

目　录

草根企业家 如是说

江苏省无锡市德仓农场创始人

创业人物名片：杨舒春

放弃外交官事业　庄稼地里寻追求

杨舒春

　　我决定放弃光鲜的外交官生涯，与外交部解约，直到今天，我的父母依然认为我这个决定是错误的，他们每次提到这件事情都会欷歔感叹，但只有我心里最清楚，我的梦想并不是成为一名外交官，而是希望能够创立属于我自己的事业。

　　最近在经济领域有一种说法很流行，叫作"站在风口上，猪也能飞起来"。我想，我和我的小伙伴们大概就是这样一群勇敢站在风口上的人。从2012年开始，我们一直在专心做一件事情，就是将互联网与传统的农业结合起来，希望通过这种"互联网＋农业"的方式，为改善整个国家的食品安全，为了让有机健康的食品能够进入千家万户，做出一点小小的贡献。

我的故事

　　我叫杨舒春，是一个土生土长的无锡人。在23岁之前，我的人生一直是按照一条常规的轨迹行进的：1999年，我以无锡市文科第二名的成绩，幸运地从无锡市第一中学考入北京大学，进入北大外国语学院学习。3 年之后，我被外交部选中，成为外交部的公派留学生，前往西班牙学习语言和外交。2003 年，我学成回国，并且通过了外交部的入职考试，即将成为一名光荣的外交官。我的父母也以我为荣，将我看成了光宗耀祖的希望。

但是他们做梦也没有想到，一向循规蹈矩的我居然做出了一个令他们瞠目结舌的决定——就在我即将到外交部报到前夕，我决定放弃光鲜的外交官工作，与外交部解约。直到今天，我的父母依然认为我这个决定是错误的，他们每次提到这件事情都会欷歔感叹，但只有我心里最清楚，我的梦想并不是成为一名外交官，而是希望能够创立属于我自己的事业。

离开外交部之后，我回到西班牙，在马德里大学完成了硕士课程，并在那里开创了属于自己的外贸事业。经过 10 年的打拼，我在马德里拥有了自己的外贸公司，有车有房，过上了让很多人羡慕的欧洲主流生活。但就在一切似乎又一次顺理成章的时候，2012 年，我再次做出了让所有人无法理解的决定——我结束了在西班牙 10 年的生活，回到家乡无锡。

更让人无法理解的是，那时生活安逸的我，回国之后直奔农村，选择当一个农民。我和另外三名合伙人，在锡山区鹅湖镇群联村流转了 80 亩土地，开始了在农业领域的开拓。对我父母来说，这个决定比我当年放弃外交部更打击他们，眼看着儿子从外交官"堕落"为一个面朝黄土背朝天的农民，我父亲气不打一处来，他恶狠狠地对我说："你的农场要是能赚钱，我就去自杀。"父亲的这句话，给我带来很大的困扰，但是我一直告诉自己：上一辈老人的见解，建立在他们那个时代的经历之上。如今时代变化了，整个社会日新月异，要在这样一个巨变的时代里有所成就，就必须有"不走寻常路"的精神。后来的事实证明，我当时的选择是正确的。

创业办农场

我们的德仓农场地处锡山区鹅湖镇群联村，是一个自然环境十分优越的地方。与普通农场不同的是，我们的农场虽然面积不大，但是却生产超过50种产品。产品线涵盖了大米、面粉、蔬菜、黑毛猪、走地鸡、土鸡蛋、青鱼等几乎所有的食材门类，光是蔬菜我们就种植了20多种。这种与现在的规模化农业生产并不相符的经营策略，起源于一个很简单的想法，就是我们相信要彻底改善中国人的饮食健康，光有单一的有机产品还不够。只有当一个家庭餐桌上九成以上的食材都来自有机产品后，食品健康和安全才能得到真正的保障。

虽然我们坚信前途是光明的，但是任何创业的道路都是曲折的。在最初开始建设农场的时候，我们流转下来的这80亩土地基本没有统一的规划，农民们长期在自己的自留地上各自为战，土地板结化十分严重。为了能让土地达到有机生产的要求，我们四处寻访名师，几乎跑遍了江浙地区的大部分农业院校，直到最后才在江苏农业大学找到了潜心研究有机发酵菌的蒋教授。用他培育的菌种，撒入土地，依靠益生菌降解土壤中的重金属。土地整整闲置了两年时间，好不容易才达到要求。现在，整个德仓农场的产品不仅能够达到实验室的检测要求，就连土壤和水质也都接受农业部专业机构的定期检测。

我们的农场属于自主创业项目，所有的资金全部由股东们自己筹措，因此在创业初期，如何省钱成为了我们最大的难题。在农场经营到第二年的时候，我们决定养鱼。甘露地区有很多的鱼塘资源，原本想要租赁一块进行养殖，但是这些平常看似荒废的水面，一旦你想要做些什么，立即就会有农民来阻止，然后就是狮子大开口般的要价。无奈之下，我们只能自己找来挖掘机，在平地上挖出了一个3000平方米的鱼塘，挖出来的泥土堆成了一座小山，这座小山至今依然在农场

5

的西北角矗立着，见证着农场的发展史。

为了省钱，我们节约了一切开支。当时鱼塘挖好之后，需要在鱼塘边竖立水泥板，防止泥土的流失。这些几百公斤重的水泥板，放置下去需要大量的工人。找来的工人，一开口就是 50 块钱搬一块水泥板，粗略算下来，整个鱼塘光是铺水泥板，就是好几万块钱的工钱。为了省下这笔钱，我们全体股东在大冬天穿着背心下水，用手提肩扛的原始方法，将水泥板安放到位。如今这些水泥板也成为了农场发展的一种见证，记录着创业初期的艰辛。

"互联网＋农业"

在随后的数年时间里，农场的发展尝试了各种经营路线，包括农家乐、会员制等。这些经营策略给我们带来了很大的成功，但却始终没有达到我们的预期设想。直到一年前，我们开始用互联网的思维重新考量我们未来的时候，我才发现，只有借助互联网和大数据的东风，我们的农场才能迎来真正的生机。

2014 年夏天，农场的第一款产品——德仓先稻大米，开始在淘宝上进行销售。依靠互联网的帮助，我们的产品迅速在全国范围内打开销路。过去我们只能在无锡范围内销售产品，但是借助网店，我们开始迎接来自全国各地的订单，甚至连新疆也有客户慕名而来。在初尝胜果之后，我们开始将更多的产品放到网上，甚至还包括一直被马云称为"最难操作"的生鲜产品。我们的愿望是打造一座基于互联网的安心菜场，我们为此注册了自己的品牌"北大杨哥"，这个带有鲜明互联网色彩的品牌，统领我们所有的农产品，帮助农场进入了品牌化运营的新阶段。

如今，我们的德仓农场已经彻底转型为一家用互联网思维打造的现代农场：相继上马了电商业务和本地 O2O 业务。其中，电商业务针对全国，上线的产品主要是米面等容易进行快递的产品。我们的客户来自全国各地，就连新疆和海南也有我们忠实的消费者。在电商的销售过程中，我们还向全国各地的消费者宣传无锡鱼米之乡的理念，希望无锡这个品牌能够带着我们的产品一起起飞。而O2O业务，则主要针对无锡本地市场。我们利用二维码扫描技术，消费者只需要用手机扫描农场的二维码，就能利用支付宝、微信和网银等支付手段完成支付，之后农场进行配送。上午下单，最快下午就可以让用户在单位或者家里收到最新鲜的产品。本地O2O，将那些原本无法通过快递进行运输的易碎易坏的农产品也都插上了新技术的翅膀。

远景与展望

2015年，被业界称为网络生鲜电商的元年，我们很幸运地搭上了这列"快车"，用短短一年时间，就将"北大杨哥"打造成淘宝排名前列的知名蔬菜品牌，日订单量超过300单，顾客回头率超过60%。我们立足江浙沪，还在上海建设了第一个物流集散中心。未来我们还将进军北京和广州两座一线城市，并打造江浙沪、京津冀和珠三角三个主力运营地带。

在德仓农场，李克强总理所提出的"互联网＋"得到了完美的诠释。我们成功将传统农业与互联网相结合，以此实现了所有农副产品的线上化和消费群体的全国化。未来，我们还将把"互联网＋农业"的实践进一步推广，我们正在努力建设上海农场，同时与北京和广东的商家洽谈合作。在我个人的规划中，未来德仓农场将成为一个在三大一线城市圈全都拥有自己基地，并且可以在北上广深四大城市全面开展电商本地发货和O2O城市派送的互联网农产品销售平台。

在我们的规划中，德仓农场和其品牌"北大杨哥"将拥有四个相互独立但又互相影响、互相帮助的平台：一是生产平台：由于无锡等地区土地匮乏，因此德仓农场未来将模仿苹果和小米手机的模式，用OEM的方式进行生产。二是体验平台：体验平台的主要目的是为了提高客户黏性。这些农场将位于北京、上海和广州/深圳三大核心城市周边。三是销售平台：包括纯线上的电商商店和线上线下结合的O2O服务。四是宣传平台：包括二维码传单、微信宣传、微博宣传等。

这项宏伟的计划难度很大，但是一旦实现，我们将彻底颠覆传统农业的物流和销售模式，大大提高现代农业的效率，减少农产品的浪费，实现资源的更优配置。中国农业经过近数十年的发展，已经告别了短缺的时代，进入了一个农产品过剩的时代，未来，土地的流转和农业科技的进步，将让农产品的产量持续增加。在这种农产品积压将成为常态的背景下，农产品的销售就成为了比生产更为重要和紧迫的事情。互联网因其扁平化的属性，天生成为了农产品销售最好的手段。互联网可以大大提高农产品的销售地域，省却大量的中间环节，从而实现从地头到餐桌的理想状态，而且入门门槛低，成本少，见效速度快。因为这些属性，"互联网＋农业"必然成为李克强总理提出的"互联网＋"国家发展战略的排头兵。只要做好品牌化、产地化、物流化以及服务化这"四个化"，"互联网＋农业"必将迸发出巨大的生机与活力。

存在的问题

前景很诱人，但是现实却异常骨感。随着企业的逐步壮大，我们的互联网农场开始遇到各种各样的问题。人才匮乏是我们首先需要迈过的坎。事实上，我们所从事的项目是一个基于传统农业的产业，而中国传统农业历来都存在着从业人员年龄大、文化水平低等特点，挖掘人才的难度十分之大。加上30多年中国改革开放所造成的中国农村年轻劳动力流失，更是令乡村"空心化"达到了令人担忧的地步。青年人大量前往城市打工，留下的全部是老年人。这些年龄偏大的农民，干农活已经十分勉强，对互联网的理解更是有限。

而在城市，虽然人口密集，劳动力素质相对较高，但是我们的发展同样面临着无法找到人才的困境。互联网、电商、O2O这些高大上的名词听起来是如此让人遐想联翩，但事实上其背后的工作是十分基础和琐碎的。例如，每天生产的新鲜菜品需要分拣、打包，然后用电动车送到客人手中，这样的工作根本无法引起年轻人的兴趣。我们曾经尝试过招聘一些送货员，一些大学毕业的年轻人起初被我们"互联网＋农业"的概念所吸引，但是当他们听到每天的工作要从拣菜和送货开始的时候，一个个全部打了退堂鼓，干不了几天就要走人。

正如马云高谈阔论的背后，是全国几百万快递员日夜兼程地辛勤工作，我们的项目也需要将一棵棵青菜包装，一个个包裹送到客人手中。但是当下的年轻人，虽然个个满怀创业理想，但是他们脑海中残存着"不愿意从事体力劳动"等旧有观念，小事情不愿意做，大事情又做不了，眼高手低，所有这一切都在阻碍着我们寻找到合适企业发展的人才。

我们的期望

作为企业，我们希望可以用更低的成本招揽到可以帮助企业成长的人才，我们也相信，目前的职业教育体系能够为我们提供帮助，但遗憾的是，通过与这些院校的接触，我们发现其专业设置和教育内容存在着一定的问题，其中最突出的一点就是，学生学习内容与电商实际操作间存在着巨大的差距，培养出来的人才与电商企业真正的需求相去甚远。

以我们所熟悉的电商专业为例，目前我们所接触的职校很多都开办了这一专业，但是其授课内容几乎全都是照本宣科。学生们除了在课堂上可以学到一些与电商有关的基础知识之外，再难获得电商企业实际操作的具体技能。即便一些学校开设了实习的课程，但是这些专门为实习而设计的工作流程，同样并不完全符合电商企业每日的实际操作。一个成熟的电商人才必须拥有平台搭建、客服操作、物流控制、售后监控等多方面技能，但在目前的院校，学生似乎很难获得这些技能。

面对这种情况，我们认为，如果能够将这些高等职业院校电商专业的人才，直接引入类似于我们这样的电商企业，并由我们为他们提供实际操作的机会，直接将学生引入实战，将是一件意义重大的事情。一方面，学生在实际操作中学到了课堂上无法获取的知识；另一方面，电商企业也获得了所需的人才，而且与一般社会招聘相比，这些学生的素质更高，成本也相对低廉。

当然，除了基本技能之外，职业院校在学生观念转变方面也应该发挥更大的作用。电商并非完全是马云在奥巴马面前演讲的高大上内容，电商更不是只要坐在办公室里操作几下电脑就能获得成功的产业。在这方面，如果学校与企业能够达成有关实际操作方面的协议，将学生送入电商企业的各个实际岗位，同样可以解决问题。至少电商专业的学生在实际操作中，可以了解所谓的"互联网＋"到底是什么内容。企业实际工作对他们社会观、工作观的塑造，可能比课堂上更为有效和贴近现实。

无锡威莱斯电子有限公司创始人

创业人物名片：蔡成唯

励志照亮人生　创业改变命运

蔡成唯

　　很多创业者创业的时候经历过创业的痛苦、失眠，为资金发过愁，为产品发过愁，为市场销路发过愁，即使创业失败了，创业经历也将成为其人生极为宝贵的财富。如果以后第二次创业，毫无疑问，成功概率会比第一次创业的竞争者高得多。

　　我出生在江苏省无锡市，也许是受江南山清水秀、人杰地灵的影响，我从小喜欢创造发明，一直对创业抱有浓厚的兴趣，对创业成功人士、发明家非常崇拜，从小一直想实业报国。所以，大学志愿报了我当时觉得最接近发明家的工业设计专业。大学毕业后先在两家科技型创业企业里打了两年工，也是跟着老板一起创业，第三年与几个朋友一起成立了无锡威莱斯电子有限公司，主要做汽车与智能设备两者之间结合的车载智能产品，现公司成立两年半，刚获得 500 万元 A 轮融资，2015 年完成销售额预计 300 万元，2016 年预计 1000 万元。

　　我于 2006 年进入南京工业大学，就读工业产品设计专业，在校期间成绩中等偏上，担任过校科协电脑部部长、校科协主席助理等职务。在校期间就跟着学校的教授参与了好几个实际产品开发项目，如苏州蚂蚁兄弟儿童三轮车设计项目、上海迅达医疗器械公司血沉仪设计项目、丹阳市华东照明有限公司新型路灯开发项目、江苏一环医疗器械有限公司心肺复苏指导仪新品设计项目等。大学毕业前的实习是在无锡一家专利事务所做专利申报工作，也在无锡科技职业技术学校实习过一段时间。

大学毕业后觉得自己应该先闯一闯，不想一毕业就从事一份非常安稳的工作，但自己创业又觉得社会阅历太浅，于是就有针对性地在找工作时尽可能选择应聘创业企业的职位，巧合的是，无锡在2010年时掀起了一股引进海外留学领军型创业人才归国创业的热潮，即无锡政府的530计划。简单地说，无锡政府从全球引进了一批拥有独特技术的海外留学人才在无锡创业，政府支持资金、场地、住宿等一笔相当于100多万元的天使投资。我应聘进了一家530企业，这是一家精密成型技术有限公司，主要技术是钣金的3D打印技术。我进公司就是为了跟着这些海归人才一起创业，从他们身上学习积累经验。进了这家公司主要做设计方面的工作，工作一段时间后，在总经理的认可下，又兼任了总经理助理的职位。在这个企业工作的过程中，参与了若干个基于公司核心技术的新项目开发工作，都是从头开始参与，与大家一起住宿舍参与创业，最典型的一个项目是低速智能电动汽车项目。但由于企业资金不足、技术不够成熟、管理不完善等诸多原因停止发展，在公司高管的介绍下，我去了另一家新公司。

这也是一家正在创业的530企业，主要开发智能传感技术。企业是由一名在日本从事汽车智能化方面研究的中国教授创办，由我担任这家公司的董事长助理兼项目经理。由于董事长平日还是在日本当教授，所以公司的不少事情是通过邮件远程控制这家企业的，这个过程中我作为董事长助理做了大量的协调工作，并协助统筹开发了公司的第一代车载环视智能系统，在第一代产品开发完成后，公司获得了联想集团旗下的投资公司约1500万元的投资，并且产品进入美国通用汽车集团。

2013年初，我发现由于智能手机的兴起，智能设备与汽车的关系越来越密切，手机在汽车上越来越有代替汽车中控导航屏幕的趋势，由于汽车的更新换代比较慢，而智能手机几乎每个月都在更新，手机在车上已经几乎可以实现汽车中控屏幕除了看倒车影像以外的所有功能，我们当时又正好机缘巧合地接触到了一架非常先进的手机控制的无人飞机，这架无人飞机的控制系统不是传统遥控器，而是通过 Wi-Fi 手机直联控制，并且手机上还能查看无人机上的摄像头的画面。我和几个同事就想到可以把这个技术转移到汽车领域，实现手机也能看倒车影像的产品。但这家企业的老总一直是做传统汽车图像识别类智能技术的，认为智能手机与汽车结合不是公司的发展方向，所以我萌生了自己出来创业的想法。

创业第一阶段：研发

2013 年 5 月，大学毕业第三年初，我与无锡本地一个年轻企业家、一个海归博士等几个同事一起，创办了我们自己的企业——无锡威莱斯电子有限公司，最开始的启动资金是 20 万元，做的就是实现手机也能看汽车倒车影像的 "Wi-Fi 智能手机倒车摄像头" 这个产品。由于之前产品开发的经验，我们又找到了实力比较强的摄像头生产合作伙伴，虽然这个产品开发难度很大（高清、散热、防水），但半年时间还是比较顺利地开发出来了。

产品进入销售阶段后，我们招进了一个有 10 多年销售经验的市场总监，虽然产品开发还算成功，但一直打不开销售局面。我们通过微信、微博等宣传渠道（互联网看似免费的，实际这些渠道现在的宣传费用也非常昂贵）在互联网上宣传，第一个月在淘宝上卖了几百台，之后每个月只能卖 100 台左右，公司资金入不敷出，从公司起步到这个阶段耗时 8 个月，投入研发、网络市场推广资金约 100 多万元。此时我们已经看到了市场未来的前景，开弓没有回头箭，只有继续向前走。

创业第二阶段：调整

针对第一代产品销售局面不畅的情况，我们及时调整思路，积极应对市场：

1. 根据市场反馈研发的第二代产品，在第一代产品基础功能完全实现的基础上，简化了产品安装方式，开发了一些新的功能。

2. 公司员工辞职后没有继续招聘新员工，而是我们合伙人自己顶上去，以节约人员的开销成本。

3. 通过《无锡日报》得知无锡政府人社部门正在支持大学生创业，为大学毕业5年之内创业的企业提供非常优惠的办公场地，通过联系，将公司的办公地点从无锡新区的写字楼搬迁到了无锡国家大学生科技园内，园区管理部门根据无锡人社局的相关政策，给了我们30平方米免租、剩下房租打七折的优惠条件。

4. 参加创业大赛，通过比赛我们获得了无锡东方硅谷创业大赛一等奖，得到的政府奖励资金有无锡人社局奖励的7万元，江苏省对大学生创业奖励的10万元。这两笔钱和上面提到的房租虽然并不多，但在我们公司最困难的时候给了我们非常大的支持和帮助，没有政府的这些帮助我们有可能就撑不下去了。就是从获奖到奖励到账的流程时间比较长，对创业企业来说，现金流就是生命线，晚发一个月奖金也许创业公司的资金流就断了。我的经历和感想是：以后政府部门优先安排创业扶持奖金，一旦确认就尽早发放。因为每一笔资金发放时间的早晚对创业企业来说可以决定其成败。

5. 资金是创业者最为重要的元素之一，为了发展企业，我们几个合伙人各自从亲朋好友处凑了50万元，连之前投入公司的断断续续的有200多万元，没钱心里着急，有了钱就应该在创业的过程中花在刀刃上。

6. 利用公司比较完善的一套"汽车＋手机软件"研发人员体系，与其他一些成熟的企业合作做了一些面向企业客户的开发项目，以维持企业发展和新产品开发等方面的正常开销。

7. 利用各种机会和渠道找融资。通过上面这些途径，我们开源节流，在公司非常困难时期，几个股东每个月东拼西凑地发员工工资（我们自己不拿工资），就这样拼搏了一年多的时间。由于我们对项目非常有信心，通过用户反馈发现这还是一个非常有前景的发展方向，事实证明是对的，很多用户用了我们的产品，帮我们宣传推广，还成为了公司微博、微信的粉丝，用户对产品的肯定给了我们很大的鼓励。

创业第三阶段：起航

通过一年多的调整，情况开始好转。市场在不断的变化中，谁抢先抓住机遇，谁就会赢得市场，在此基础上经过研究决定：

1. 研发出更加适合市场需求的二代产品，解决了一代产品出售时用户安装不方便的问题，做了人性化、通用化的设计。销量比一代产品有了明显提升。

2. 通过一些渠道商建立起线下的销售网络，因为创新的营销会获得极大的传播效果。

3. 与企业客户合作的过程中，了解用户需求，加快产品研发进度，陆续研发出了好几款新的可以与智能系统相配套的车载产品，使产品形成系列化与规模化，比如智能车载坐垫、智能汽车空气净化器等。我们开发的产品是汽车和智能终端两者都相关的具有较高科技含量的电子产品，这是一个全新的市场，因为市场模仿能力没有，所以，我们的竞争对手就是我们自己，突破自我就是我们的追求。

4. 由于我们针对性地开发了几款与智能系统连接的车载产品，我们与长春奥迪汽车制造厂合作，开发一种准前装体系，让手机与汽车相连，让奥迪车成为可以实现汽车多功能的产品。

5. 成熟的产品可以用在不同的领域，为此我们又做一些把已经做成熟的车载产品功能向传统产品领域移植的尝试，拓展新的业务。

6. 随着技术的成熟和产品的美誉度提升，公司于 2015 年 10 月获得了深圳吉悦投资有限公司、广州茵茵股份的 A 轮投资，投资总额为500 万元，并对公司做了股份化、正规化的调整。

创业遇到的困难

1. 几年前创办公司手续较为麻烦，创办企业时还没有三证合一制度，工商注册的资金等也不是现在的登记制，注册地址还不能是民房等，当时给我们带来很多麻烦和困扰。但现在在政府对创业的支持调整下，这些问题都已解决，注册企业越来越方便，对新的创业者已经不是问题。

但是我们在这次获得 500 万元融资的过程中，由于创业阶段我们的股份没有做很好的分配，财务也没有按上市要求来做。我们按投资公司的要求成立合伙企业专门作为代持员工股份的股份池，对整个公司股份结构做了调整，并规范了财务上的相关材料等，为未来上市做准备。企业融资在政府相关部门要走的流程还是很复杂，需要向企业工商监督管理局、税务部门、银行提交大量材料审核，很多材料交上去后要 10 个工作日才给答复。我们这次融资流程走了 4 个多月的时间，如果刨去我们一开始不熟悉流程走的弯路，至少要 3 个多月。

在我们与投资公司投资意向谈好、投资协议签订完成到资金真正到位的这 4 个月时间，一方面让公司一直放不开手脚，怕出岔子，资金无法到账；另一方面这段时间浪费了好几个我们需要大量资金才能进行的商业机会，实在非常可惜。

因此，建议一方面可以简化企业成立后融资的流程，尤其是工商部门与银行之间的协调；另一方面可以有一个机制把这些比较复杂的工商变更工作上移至区一级或市一级的工商部门。因为我们这次变更是在县一级别的工商分局执行的，明显觉得他们的业务水平没有上级部门高。

2. 无锡现在把具有行政审批职能的部门在中心设立窗口集中办理，成立了行政审批中心，统一办理答复，一些事情即使需要部门间流转也非常方便，换个窗口就行，大大方便了我们，大家有手续要办理都非常乐意去市民服务行政审批中心，明显在这里办事效率特别高，流程条理清晰。

3. 现在国家对小微企业有了很多优惠政策，如月销售额不超过3万元免征营业税，但实际操作过程中虽然不同企业利润不同，但基本可以肯定每个月也就减免几百元。据税务总局初步统计，2014年10月1日国务院决定增值税、营业税起征点提高到3万元后，共惠及全国约2200万家小微企业和个体工商户，减免增值税和营业税511亿元，也就是每家企业2300多元。

税务部门已经简化了手续，但创业时创业者最不够用的还是时间，而去政府部门办事虽然效率提高了不少，但耗时是不确定的，所以还是让创业者觉得有点不值得去折腾。小微企业如果自己请财务人员，每个月起码5000元以上的开销，很多财务人员也不愿意帮这些小公司做账，即使找个资格老的会计或财务公司代记账，每个月也要支出2000多元，是一笔不小的开销。其实大部分企业创业初期就是一本很简单的流水账，创业者自己清楚就行，请财会人员很大一部分原因是出于税务部门需要，而这些企业涉及的税务额其实是非常少的。建议能否在确保没有漏洞的情况下改变一下思路，税务部门简化对初创企业账务上的要求，让初创企业把财务人员这笔每月4000多元的成本省了其实会是非常好的创业支持。

另外，初创企业效益不好、不盈利，大部分税收是减免的，但员工的五险一金是必须交的，这两年也越来越严格，每个月都是一笔非常大的开支，而且据说未来会与税务部门的个人所得税数据挂钩，实际还会增加，每个月成为公司运行中除工资外最大的成本。希望政府这方面可以出一些减免政策。

4. 现在很多创业公司初期也就几张办公桌、几台电脑，基本没什么可以拿出来抵押，贷款对银行来说可能认为风险还是太大。创业贷款虽然政府已经把渠道都打通了，但本质上都是要法人或股东的个人资产做抵押的，超过10万元的贷款实际操作就很困难了。

我曾经想为企业申请30万元政府提供的大学生创业无息贷款，但操作的时候需要我个人提供房产抵押担保、夫妻两人户口，实际成为了个人贷款。

对政府支持大学生创业的建议

我理解创业有两种：一种是赚辛苦钱，比如开个小商店、路边摊、服装店、汽车美容洗车店；另一种是类似硅谷的有一定技术含量的创新型创业企业。前一种成功率并不比后一种低，可能也比较容易赚钱。但前一类创业其实完全是市场行为，大学生不去做也总有人去做，政府也不用干涉，这类创业我也没有接触过，这里不涉及。

从亲历者的角度来说，大方向上看，由于互联网的兴起，知识的更新速度很快，在创业过程中经验不再那么重要，甚至会成为负担，大学四年把专业基础知识都学好了，由于没有经历过工作的约束，往往可以有和传统商业社会完全不同的点子和创意，如果创业方向和同龄人相关，更是有独特的优势，Facebook 这样的企业起点在大学寝室有它的必然性。从个人来说，所谓的创业就是把身边可整合的资源最大化，然后实现自己的创业梦想。有句话很有名，我想每一个创业者都会用来激励自己：梦想总是要有的，万一实现了呢？

如果梦想没有实现，创业失败了呢？我想政府不应该回避这个问题，雷军也在说，大学生创业失败率肯定是比较高的，建议大学生不要借钱去创业。但是，像我前面介绍的，我大学毕业后一直在创业企业工作，也经常参加一些创业活动，认识了不少创业企业老板，这几年成功创业的朋友很多，但失败的创业者也不少。很多创业者创业时尽力了，如果以后二次创业，毫无疑问，成功概率会比第一次创业的竞争者高得多，即使不再创业而是去打工，这些大学生创业者升职加薪都会比那些大学刚毕业就去打工的同学有很大优势，这不仅因为在创业过程中会逼着你把专业技能快速提高，更重要的是创业是最好的学校，成长特别快。我认识的几个创业失败的朋友，再就业的时候普遍薪水比创业前高不少，职位也比创业前高。我特意研究过这个问题，发现创业过的人学会从老板的角度看问题，有了老板的格局。有这样的一个员工，老板一定会重用他。

对新创业者的一点建议

1. 在大学生创业前，参考人社局的方法，多办大学生创业大赛。可以鼓励大学生多考虑创业，把创业的想法写成商业计划书和PPT，但不急着创办企业。然后去参加创业大赛，接受专家、企业家的分析点评，把那些明显不靠谱会失败的创业想法消除在萌芽之中，保护有创业想法的大学生的热情，是金子总能发光，晚两年发光也许更亮。筛选出成功可能性更大的项目给予天使基金让其创业。创业的数量对国家来说没有意义，也不应该强调数量，创业企业成功率和质量才是关键。

2. 对初创企业，政府一定是很愿意雪中送炭的，但这雪中送炭的资金如何给，该给哪些创业企业呢？我认为应该倾向于获得风险投资的企业，跟着风险投资给予企业支持，多给那些拿到融资的企业以扶持。因为风投愿意拿出真金白银投资一家企业，它肯定做过技术、财务、市场、人员、前景等全方位的调研，这样的调研肯定比政府一些项目申报基金就看一些书面材料来决定哪家企业更应该获得扶持靠谱得多。而且这样也可以减少风投企业的风险，让它们可以找出更多的优秀企业并给予更好的投资估值。

比如，一家创业企业获得风险投资企业的投资后，政府追加50%的投资。各类政府奖励项目评定的时候也可以偏向已经获得风投的企业给予支持。

3. 对于创业刚刚走上正轨、销售额刚起来的企业，呼吁政府可以尽可能地锦上添花，给予支持，因为这个时候恰恰是企业最需要资金发展的时候，任何一笔资金对企业发展帮助都非常大。

4. 另外，前面提到，无论怎样，创业九死一生都是一件很正常的事情，不应鼓励家庭条件一般的大学生在没有吸引到风险投资的情况下向自己父母要钱或者借太多的钱创业。

5. 政府对创业的扶持不应该仅局限于对成功的企业，也应该关心那些失败的大学生创业者，从概率来说，大学生创业失败是很正常的事情，但他们往往是学校里最优秀、最有理想的学生，不能因为他们失败了就抛弃他们，他们如果创业都失败后一蹶不振，这会是整个社会的损失。而且这些创业者有过一次失败经验了，若给他们喘息的机会，下次创业他们的成功概率肯定会比第一次创业大得多，就像微软旗下的投资公司就喜欢投资有过创业失败经历的创业者。

然而据我所知，现在的工商和税务都有一套完善的黑名单系统，目的肯定是完善社会诚信体系。但现在破产机制还不完善，虽然大部分企业是有限责任公司，很多企业一旦失败，创业者很容易就上了税务、工商系统的黑名单，很长时间不能再次创业。

我国现有制度决定了开公司越来越容易，但关公司却很难，完全关闭一个企业需要走一个非常烦琐的流程。我有个朋友几年前创业失败了，没有债务，但各个部门之间跑了很多次也无法把企业彻底注销。现状是创业失败的企业往往只能搁置在那里，成为下一次创业的绊脚石。

　　建议尽快完善有限责任公司的破产机制，只要这些企业确实已经破产了，可以比较方便地注销公司，让创业者可以在休养一段时间后再次轻装上阵，更多的人才敢去创业。

河北新罗城市政工程有限公司

创业人物名片：栗志强

河北新罗城电子商务有限公司总经理

邯郸市融创创业孵化基地总负责人

河北驰澜企业管理咨询有限公司总经理

2011 年度邯郸"百佳创业新星"

2013 年度邯郸市"十佳创业明星"

2015 年被河北省共青团评为"青年之声"创业指导专家

2015 年团中央授予"中华儿女年度人物"

励志坚强　勇往直前

粟志强

　　从粟志强第一次创业至今就被很多个"第一"所围绕着，邯郸市第一家美容院，第一家茶楼……2015 年，粟志强又打造融创创业孵化基地，可容纳35 家以上的创新创业企业入驻。在不断创业的过程中，粟志强更是不忘回馈社会，一路走来，粟志强就如同他的名字一样：励志坚强、勇往直前。

　　粟志强，1972 年出生，邯郸市邯山区罗城头村人，河北新罗城市政工程有限公司总经理，河北新罗城电子商务有限公司总经理，邯郸市融创创业孵化基地总负责人，河北驰澜企业管理咨询有限公司总经理，2011 年度邯郸"百佳创业新星"、2013 年度邯郸市"十佳创业明星"，2015 年被河北省共青团评为"青年之声"创业指导专家，所创办的公司曾被评为邯郸市公用事业管理局"优秀施工单位"。

初始创业

　　不管多么平凡的工作只要具有创新的思想就能书写出不平凡的故事。

高中毕业后由于工作不稳定，我开上了出租车，在开车这段时间里我用心观察到，很多外地来到邯郸的汽车内饰都要比当地车漂亮，当地找不到一个能够为车友们提供汽车装饰美容的地方，我从中发现了商机，经过多方考察，终于在邯郸市开了第一家汽车美容店，没想到生意非常火爆，我第一次尝到了创业甜果。随着视野的开阔和经验的积累，紧接着全市第一家美容院、第一家茶楼等相继开业。在捞到人生第一桶金之后，随着商业经验不断积累、社会阅历不断丰富、人际关系不断扩充，2006 年创办了邯山区顺达管道安装处，开始了艰苦而有意义的创业之路。东风路内燃机厂家属院，在 2006 年以前一直采用土暖气采暖，职工家中老人最怕过冬天，因为无法取暖，室内温度很低，居民都冻得瑟瑟发抖，无比煎熬。了解到这种情况后，我积极与热力公司联系，一方面和厂领导沟通，找出适当的解决办法，另一方面根据实际情况制定施工方案，终于在 2007 年使得该小区 568 户居民全部用上了集中供热。看到院子里老人、孩子的笑容，我觉得不管付出多少艰辛和努力，只要能换来群众舒适的生活，这一切都非常有意义。这更坚定了我今后的创业之路。由于业务的发展，2010 年我成立了河北新罗城市政工程有限公司，注册资金 600 万元，至 2012 年上缴税收 120 万元。在邯郸市供热改造的同时，还参与了邯郸市丛台广场的建设、文化艺术中心的建设、邯郸市火车站改造扩建工程的建设、广平南湖市政设施的建设、石家庄西二环线绿化工程的建设等。此外还承接了方舟小区、沁园小区、赵苑小区、城市西景、赵都新城、万浩吉祥、金碧苑小区、美罗城小区、旺景苑小区、金叶风景小区、申家庄煤矿、温馨家园小区等小区管网工程。

连续创业

2014 年，邯郸市房地产市场不断萎缩，经济陷入低迷，我的市政工程公司蹒跚不前。就在这时，党的十八届五中全会刚刚落下帷幕，"十三五"蓝图初现，"大众创业、万众创新"在全国如火如荼蓬勃开展，我意识到，这将是第二次经济改革。创新创业已经成为一个国家、一个城市经济社会发展的强大驱动力。邯郸市委、市政府十分重视创新创业工作，在建立工作机制、制定政策措施、推动创新发展等方面多措并举，并取得初步成效。我要摆脱过去经营传统行业的旧帽子，加入到大众创业的浪潮中来。但是创什么业呢？这些年，中国涌现出大批中小企业，它们要在市场里杀出来，就需要公关、品牌、管理咨询、培训……于是，满足中小企业软性化服务需求的市场出现了。这使我想到了创业孵化基地是满足初始创业者各种需求的最好场所，是我要做的企业成长壮大最初的基础，虽然对孵化基地还那么陌生，但是没有挑战就没有创新发展，我坚信这是一条为社会，为创业者，更是为我自己设计的发展之路。

　　我喜欢创新，只有创新才能进步，这是我的梦想和追求，一直想去践行它，从而帮助有创新力的人。这些年，我一直在思考创业者需要什么，有一件事情让我很受启发。在几年前，邯郸市已有很多的创业者了，如何创业成为了他们的头等大事，面对他们提出的各种问题，很受启发。对于初创企业，干什么？怎么干？尤其是技术型的团队，是否在创意阶段就先人一步最为关键，现在的资讯通过互联网极其透明和快速，埋头创业的时代已经过去了，所以对一个创业团队来说，了解各类资讯就显得极为重要，古语"知己知彼"亦指此。

　　在创业中，很多创业团队的困惑还包括市场，如何快速有效地进入市场阻碍着很多公司发展；很多人说"钱"很难找，其实好的项目从来不缺钱，国内外的天使投资人也在陆续通过各种方式进入中国投资市场，我相信未来还会有更多的好的国内投资人进入到早期投资阶段。

　　生活是创新的最好孵化器。2015年初，利用我多年来积累的管理经验和公司的办公楼，筹备了3个月时间的融创创业孵化基地建成了。

这时让我没想到的是，原来公司的老员工找到我说："栗总，过去我们做的是市政工程，天天和图纸、水泥沙子打交道，对这行我们真的不懂，这孵化基地能赚钱吗？您要坚持做这行，我们就只能另寻出路了。"当时我考虑一下告诉他们："如果有愿意留下来的我还会像以前一样对待，不懂可以慢慢学嘛，真不想留下来的话，把你们的银行卡号给我写下来，我会每月按时给你们打上1000元的生活补助，这些年来公司的发展离不开你们的付出和努力，算是我的回报，将来还想和我一起干的，我随时欢迎！这是我对你们的承诺，更是我的责任。"

融创创业孵化基地是由邯山区人社局牵头认定，以"专业立身，卓越执行"为经营理念，为入驻企业提供专业化服务，是多部门"围绕中心、服务大局、互联互通"的创新举措。

已建成的融创创业孵化基地总面积为2200平方米，可容纳40余户的创新创业企业入驻，位置优越、交通便利，在上级政策指导下，以解放思想、开拓创新、积极进取为主导方向，引入创业扶持政策，免费提供创业指导、政策咨询、项目评估、跟踪管理等专业化服务，形成有滚动孵化中小型实体功能并具有完备组织体系和入驻退出机制的实体，为创业者搭建制度性、智能化的服务平台，为新创办的中小企业提供有利于存活、发展的服务环境和空间环境。目前，共有各类创业导师30余人，优秀创业服务工作人员20余人。

融创创业孵化基地是以产业链增值服务和股权投资为核心的孵化器，旨在为创业团队提供专业的产业链增值服务，致力于搭建创业者、从业者、投资人、产业链上下游机构的合作交流平台。以"诚信合作，共创共赢"的理念，创立了"业务拓展＋股权投资＋股权收益＋人人股权"的创业孵化模式，根据企业特点，提供专业的办公场地、市场拓展和天使投资等。在做好外围资源整合的同时，基地更加注重入驻企业的内部发展，聘请多名行业精英、企业家、政策专家为入驻企业进行创业指导、投融资、技术服务、法律咨询等跟踪式服务。并与浦发银行、中超基金、光大资本、君联基金、人人投等多家投资机构建立资金合作关系，设立融创天使投资基金，鼓励天使投资机构为种子期、初创期入驻的科技企业提供资金配套服务。

融创创业孵化基地自运行以来，得到了区委区政府的大力支持和社会各界的认可。邯山区政府、团市委、市民盟等领导多次带队指导基地工作，融创创业孵化基地在团省委组织召开的邯郸市青年创业座谈会上，代表邯郸市创业孵化基地组织上台发言，并授予"邯郸市青年之声创业服务联盟"单位。河北大学创业办主任到基地参观后，主动提出与基地建立科技成果转化基地关系，其研发的"太阳能公交车站"和"电动汽车"项目成功入驻，山东"警银庭"科技项目成功签约，大批科技含量高的企业陆续入驻。

目前，入驻企业当中的"融迈科技"是一家开发智慧社区平台的软件公司，在基地组织的路演活动当中得到了 30 万元的种子期投资，享受入驻基地后的增值服务，并在邯山区赵都新城社区实现项目转化，平台注册会员 1 万余人，在方便社区百姓生活的同时，平台每日资金交易量达到 3 万元左右，实现了方便百姓生活、企业效益倍增的双丰收。

发展规划

随着国家产业结构的调整，越来越多的人有了创业的想法，但是很多创业者不懂创业技巧和方法，造成了初创企业的成功率不高，因此结合邯山区高校教育优势，成立为全市创业者提供创业培训的基地是不可缺少的一项惠民项目。

生活是创新的最好孵化器，我们的目标是做跨界创新创业孵化基地；创建一个整合移动互联网与O2O创新推动平台，帮助创新创业者实现创新与创业理想，提供包括孵化场地、创业发展顾问、发展战略咨询、融资咨询、股权投资、新三板挂牌、私募债发行、主板及创业板上市、收购与兼并、国际渠道支持、品牌管理、法律咨询、扶持基金申请、行政及财务等服务；提供长期沟通交流与互动的平台，为投资人和投资机构选择和推荐优质的投资对象；吸引天才与创新人才，发现优质团队，提供人才及项目的对接渠道；定期组织项目甄选，提供直接资金和服务支持；引进国家金融机构、民间投资资本、股权众筹等作为邯郸市创业项目发展的资金支撑点，延伸发展为为具有上市能力企业服务的平台，快速传播创业创新理念。

人才交流中心是邯郸市人才引入计划的平台。据了解，邯郸市在外地创业成功人员或企业高管人才资源非常丰富，这些人才都有打算回乡创业的打算，但是没有一个很好的服务机构进行对接，通过人才交流中心的建立，把邯郸市打造为人才交流、人才回流、人才引进的人才强市。

创业综合体指建立集创业教育、创业孵化、灵活办公、金融服务、商务会议、宾馆住宿、餐饮服务等于一体的综合性、品牌化公共服务中心，建立覆盖全国的创业服务网络，整合全国的创业服务机构优势资源，便于引入优质项目，实现本地创业项目的转接和嫁接。

回顾这一路走来的创业历程，其中固然充满了艰辛困苦，但我相信不经历流血流汗的奋斗，人生是苍白乏味的。只有靠自己的双手去争取、去拼搏，才能更加完善自我，帮助他人回馈社会的同时，自己也尝到了丰收的喜悦。今后的路必定不会一帆风顺，不管多少风雨，我一定勇往直前，为社会贡献自己的力量！

80 后草根创业企业家　软件工程硕士

创业人物名片：王维

中国社会科学院数量与技术经济研究所博士课程班研究生

中国实践教育产学研创新平台创始人

中国青年博士联盟联合创始人

中国中小商业企业协会特聘企业讲师

国家注册项目管理工程师

国家一级企业培训师

香港费迪亚商学院委员会特邀顾问

南京市点滴阳光公益之家创始人

南京市建邺区平安志愿者协会副会长

北京育龙教育投资有限公司总经理

人人都是英才

王维

　　每一个人都有自己的天赋和能力，每一个人也都有优缺点，不管是打工，还是创业，一定要相信你有这个能力和天赋，一定要相信你一定是可以成功的！

　　打工，需要扬长避短；创业，更需要取长补短。无论如何，我们要相信：我们的天赋是父母和上天给予我们的财富，而个人学识和能力却是后天我们给自己的礼物。

　　打工10年后，我开始创业，做"互联网＋教育"文化领域，我之所以选择这个方向，有几个原因，我总结了一下，大概包括以下几点：

　　其一，我出身于农民家庭，是真正的草根出身，我的家族据说是一个很大的家族，祖辈也是书香门第，可惜，在父母这一辈，因为一些国家大环境的原因，父亲和母亲都没有学习的机会，也没有受过系统而正规的教育，但是传统的农耕文化思想从骨子里影响着我的父母。而我，从小耳濡目染，我的身上也有着中国农民的很多特性，比如我对土地的热爱，对播种而勤劳耕耘后才能有所收获的理解，有日出而作日落而息的生活习惯。从小，我的父母告诉我"人争一口气，佛争一炷香"，我们再贫穷都没关系，但是我们要争气！我的家庭，有姐妹三人，我的父母很伟大，因为不论外界有多少送女孩儿读书是浪费或无用的劝说，他们始终坚持再苦再累也要送三个女儿去读书。他们辛苦了一辈子，省吃俭用培养出了三个女大学生，这在农村非常少见。而我在这样的家庭影响下，从小就特别渴求知识，我认为生命不息，就应学习不止！

其二，我的家人朋友中，老师特别多，我一直认为老师是一个身体辛苦、灵魂崇高的伟大职业，我非常热爱和崇拜这个职业。我的两位姐姐大学都去读了师范院校，到我，感觉很难超越，只能走差异化路线，所以当年没有选择去做老师。但是骨子里，不论在哪里，我始终非常高兴有人叫我王同学或王老师，不论是学习，还是指导别人，这是一件非常快乐的事情。

其三，打工的10年，我把工作当成一件自己喜欢的事情，这积累和增加了我的企业实战能力。我接触过各种岗位的人员，从未停歇过，可以说只要领导需要，只要岗位需要，我就会不断地自发主动地学习。在学习过程中，我从未想过，这份学费是否应该企业帮我出，这份辛劳是否家人和我共同承担，学习是我自己的事情，我为自己能够不断学习和成长而高兴，也为在此过程中，有那么多人可以给我激励、指导或鞭策而感觉温馨。我一边工作一边不断地学习，在实践工作和理论学习中不断地体验和交互，我相信"实践出真知"，所有的付出都一定会有收获和回报，这是任何人给不了我的，这是我独一无二的财富。

从以上三点大致可以看出，我是一个非常感性的人，而我创业的真正初衷是因为我爱学习，我想成长，我认为知识不仅来源于书本，更多的是来自于实践。我认为，实践和理论是相互交融的，如明代大家王阳明先生提出的"知行合一"，我们尊敬的教育大家陶行知的"行知合一"的理念，那都是实践与认知的互动，尤其在现在这个"互联网＋"的时代，我们说这个时代是一个追求参与感和互动感的时代，那么行知也是一样的，这是一个实践与理念、个人与社会、自我与外界不断交互、完善的过程，当链接建立，我们可以学习和理解到更多，也就更加能够获得参与感和认同感，一个人的内心也就更加容易充满正能量和被认同的成就感。当自己可以被外在认同，当一个人可以在行知之中寻找到自己的存在感、幸福感，那么到家庭、到团队、到组织、到国家都会不断放大正能量。我想会有很多人和我一样，喜欢这种感觉，并且愿意为这种感觉或者目标，不断努力着。这样，我开始规划实践教育，我希望可以和更多的人一同为中国的教育文化事业做一点有意义的事情，无论成功与失败，这份体验和经历将无可替代。

我选择做"互联网＋"教育文化领域，有我自己的家庭和性格背景，还有一个重要原因就是前10年实际工作积累的感悟。10年工作实践，感受最深的是，企业最难的还是用人。尤其是时代发展了，人民群众日益增长的物质文化需求越来越高，而人的精神境界也显得越来越重要。

我们是普通和大众的，我们不能期望传奇发生在我们身上，但是我们至少可以发掘传奇中的一些规律，做出一点努力，让企业人才需求和人才的能力匹配可以更精准一点，而要实现这种匹配，就需要做大量的研究、大量的工作，虽然艰难，但是一旦实现，这将可以帮助千万企业解决难题。

于是，我开始策划现在这份教育事业，我们将"人人英才，人职匹配"作为我们的理念，我们希望可以通过不断的努力，助推培育出更多符合企业和社会发展需要的龙的传人。因此我们把公司的名字取名为"育龙"，简称"ULOONG"，为这一个目标，我想我的后半生都不会无聊了，路漫漫，生命不息，学习不止。

创业之初，都会遇到无数的问题，何况我这种女性草根创业者，更是跌跌撞撞，其间无数的酸甜苦辣，都不知道从何说起。而我，最大的依靠是人，这些人不是我的员工，而是我的伙伴，我的兄弟姐妹，没有这些人，我不会有勇气踏出这一步。2014年3月，我报名参加了中国社会科学院数量经济与技术经济研究所博士班课程，经过规范的流程选拔，在同年9月我成了一名在职研究生，在北京建国门内大街5号高高矗立的教学楼里，我结识了我的博导王国成老师和我志同道合的合作伙伴们，他们或来自企业，或来自研究机构，或来自金融领域，或来自高校，但是同样拥有一颗忧国忧民，有着教育情怀，有着愿意贡献正能量的心。

2015年7月我们团队组建，2015年8月20日公司正式注册完成，那一刻，我们都很兴奋，但是我们知道困难才刚刚开始，我们必须要加倍努力，不断地探索我们的业务模式。

我们首先分析当前的时代背景，借力当前政府政策，如2015年11月10日，中央财经领导小组召开的会议上，习近平总书记就提出了"供给侧改革"，习近平指出："在适度扩大总需求的同时，着力加强供给侧结构性改革，着力提高供给体系质量和效率。"我们分析中国国家领导人经济判断和治理思路的调整，认为中国将走入"精准调控时期"，而所有的生产都会按照市场需求进行。当前企业人才需求和人才培养存在结构性失衡，其中"供需错位"是最大的问题，而这个问题直接反映在企业的微观层面，企业对于所需人才的渴求、招聘、选拔和培养，就是要用实际的办法来解决一个个实际问题。

为此，我们精准分析趋势，充分研究和思考企业的人才需求。企业需要什么样的人才？高校应该按照什么样的标准来培养人才？校企牵手合作后，是否真的就能无缝对接？整个人才培养的过程中，是否有必要建立一个第三方的人才培养质量标准体系？企业是否可以联合同行与众多高校同专业人员进行行业人才能力的共同探索与培养，从而形成企业、行业与学校、专业的对接？为此，我们提炼了"人人英才、人职匹配"的核心理念，并创新人力资源管理（HRM2.0）创新体系，将其落实到实际平台中。我们的平台以线上中国实践教育平台，线下整合的中国实践教育产学研创新联盟的形式落地，融合产学研金政等各界资源，创新模式，服务于国家和社会，以期在用人单位与大学生（或待就业者）之间建立起一座开放分享、自由而稳固的桥梁。

该桥梁通过各种手段，如校企联合运营实验室、ICT创新基地、创新创业孵化器、大学生俱乐部等形式与方法，不断使自身更加稳固，稳妥实现连接互通作用。

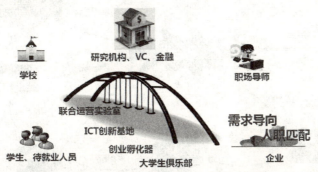

一方面，我们设计平台来对接企业人力资源管理，解决企业的识人、用人、容人、树人的问题。我们通过大量调研企业的用人需求，了解企业用人能力的要求与标准，结合人的价值观、性格特点、兴趣爱好、技能强项等，在人力资源的管理服务中，添增人才规划、人职匹配实验等新的创新元素，便于企业更加明确地认清自己需要的人才究竟具备什么样的基础能力、职业素养、职业能力、专业技能和企业经营实战能力。

另一方面，我们设计平台来引导大学生或社会学习者主动学习和有效对接企业人力资源需求，并在企业人力资源导师、专业导师、高校导师、学生之间形成一种教学联合体，通过健全的研究保障机制和市场激励手法，以及行为数据分析手段，将导师教学、实习者行为、实践活动等行为一一记录存储。通过数据分析及智能报告，企业可以清晰地了解和分析学习者的学习动机及学习者的各项能力、职场发展的潜能。企业可以得到学习者的职业能力适合度，使职业能力水平相对匹配，让学习者个人了解自己的能力最适合什么职位，以及在能力上的优势和劣势，可以让他们充分地认知自我，了解最适合自己的职业，做好职业规划，少走弯路，节约时间和成本，更快更稳地走向属于自己的职场舞台。

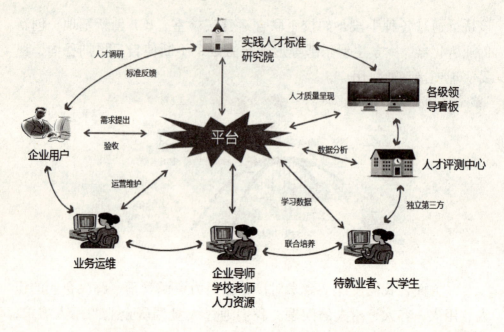

　　当前，我们所创建的平台——中国实践教育平台，正在不断地推进和完善，我们链接了成千上万的企业，数千万的职位，从实践出发，去用心分析企业真正需要的人才应该具备什么样的素质和能力，我们根据不同的企业特点，开创更多的引导学习者学习和成长的体系，让学习者可以有更明确的目标，在不断的学习和进步的同时，既提高了自己，做一个优秀的人，同时又可以匹配到最适合自己的岗位，甚至有的时候，工作就在身边，而以往很多人总是在不断地寻找。有时候我开玩笑地说：如果我们将传统的人力资源管理比喻成包办婚姻的话，企业管理者和求职者是经人介绍，先结婚后相处慢慢适应，那么未来，通过我们，就是先谈恋爱，彼此了解，感觉彼此非常适合，并且愿意朝着一个共同的目标努力，才会牵手走上婚姻的殿堂，而这一切是多么符合"以人为本"、"由心而发"的美好愿望。我们通过不断地探索和快速调整实践，目标越来越清晰，虽然问题依然很多，道路依然坎坷，但是我们相信，只要拥有信念，始终怀揣这份美好的梦想，坚持不懈，最后，终将实现"人人英才，人职匹配"、每一个中国人皆为合格的"龙的传人"的中国教育梦。

而这，在我的创业过程中，还仅仅是一个开始，在创业和企业家大军中，我只是一个小小的个体，我和我的团队都已经做好会遇到很多困难的准备，但是，我们也做好了迎接挑战和解决问题的准备，我们相信：

1. 办法总比问题多，只要坚持，只要不断地学习和调整，愿意为梦想而努力，那么是一定会有收获的。

2. 学习与实践是需要终身努力的事情。虽然有过往的 10 多年打工和创业经历，但相对于很多成功的企业家来说，我还是一个学生，还在不断地学习和实践，希望可以通过自己的努力，不断地去思考和解决遇到的问题，当问题解决了，而我也就又成长了。

3. 任何时候，要坚持不要放弃。不管遇到什么样的困难，只要有决心、有信心，不气馁，愿意努力，总能找到方法，也必定可以找到一条最适合自己的人生道路。

总之，创业就如同我在做的实践教育，任何时候都要相信：实践出真知，唯有实践和坚持才能寻找到实现梦想的钥匙。

河北优脑企业管理服务有限公司董事长

创业人物名片：彭宗强

用创新跨界整合　创幼教商业新传

彭宗强

　　他经历失败，但有不服输的精神，不平凡的商业眼光；他农民出身，但有改变农村基础教育的创新思路；他起步较晚，但异军突起，一手打造幼教商业神话。他是彭宗强，一位"70后"农民企业家，从3年前默默无闻到3年后成为一匹引人注目的黑马。他用互联网思维在幼教行业刮起旋风，他以不断创新的精神致力于让更多的孩子受到更好的教育。

　　彭宗强，出生于邯郸市永年县马到固村一个普通的农民家庭，高中毕业后，找到的第一份工作是为一家少儿潜能开发学校的珠心算课程当招生代表。他白天在多所小学门口为家长讲解学习珠心算的好处，晚上带宣传手册入公园、进夜市，以此积攒生源人脉。

　　但随着对珠心算的深度了解，他得知这种教学方法会让孩子们形成依赖性且受到很多老师的抵制。经过一番内心的思想斗争，他选择了离开这家培训机构，打算创立一番自己的事业。

　　2001年，他来到较为富裕的武安市，租了3间教室，开始了自己的办学生涯。然而受地域和教育环境的制约，招生效果不尽如人意，投入的1万多元5个月后就所剩无几。他继续筹资，辗转到涉县、磁县去办班，结果和武安一样，创业又一次失败了。不服输的性格和对事业的追求，使他一边总结经验、一边寻找合适地方再图大业，与此同时，报考北师大函授教育管理专业为自己充电，并及时将所学理论用于实践，酝酿与勾勒着符合自己创业特点的教育与商业运作模式。

2005年秋，彭宗强重新组建团队，与人合作研发"能动英语"，来到邯郸峰峰矿区，创办了百分百儿童潜能开发学校。从10张折叠课桌、3位老师起步，2007年把辅导学校转型成峰峰百分百幼儿园，第二年就发展成为在园孩子达400人的大型园所。

在选购幼儿用书时，彭宗强发现，虽然市场上种类繁多，但真正适合孩子的却非常少。于是，他决定自己研发教材。

彭宗强重金聘请以著名教师为核心的教研团队长期入驻幼儿园，历时4年研发出了具有自主知识产权的学前教育教材。

这4年里，经过上百次的提炼、修改，光打印机就用坏了12台。最终，凝聚了研发团队大量心血的《金脑算术》在2013年初出版发行，并推荐到20多家联盟园所使用，效果相当明显。

随后，建立以大学生为主的市场开发团队，让他们在自己所熟悉的区域拓展加盟幼儿园，随后协助在这个地区注册公司，免费授权为代理商，使就业者向创业者转变。《金脑算术》一炮打响，当年仅邯郸、邢台两地的加盟园就超过300家，年销售额突破400万元。

天下没有免费的午餐，要想创业成功，必须要付出百倍、千倍甚至万倍的艰辛努力。在市场竞争激烈的今天，靠单品牌产品与单行业生存的企业，很容易因为跟不上时代的变化而遭到"劫杀"。彭宗强一直在思索，怎样让自己的事业能够平安、茁壮地成长。

2013年春，彭宗强创新幼儿园聘用管理制度，免费给高管和优秀教师赠送股份并分红，试着用市场运作手段变革幼教行业。

2015年初，佐佐佳公司更名为河北优脑企业管理服务有限公司。彭宗强进一步大胆创新经营模式，利用互联网思维，"O2O＋众智"模式，开启了全新的商业转型——筹建幼教商业大平台。

他投资600万元，把占地16亩的邯郸苏园文化公馆改建成大型国学幼教机构——"苏园致德国学幼儿园"，在园内设立"邯郸苏园文化实训基地"、"大学生就业创业平台"。

该平台以幼教为基础，将客户转变为股东，免费赠送园长股权分红。平台以幼教为起点，跨界将饮食业、保险业、零售业、服装业、印刷业、医院体检业、幼儿园用品业、女士用品业等统统进行整合。强有力的贸易载体让众多股东在经营幼儿园的同时，共享大平台带来的利润。这种"幼教商超连锁"模式在国内尚属首创，它扮演着互联网营销"最后一公里"的角色。

彭宗强的构想是，把已成型的"幼教商超连锁"模式向全国复制，建立一个全国性的幼教商业联合体，让更多的孩子受益。他也知道，这需要他继续努力！

回想这几年的创业历程，彭宗强有着自己的心得：

一定要有坚韧不拔的心志，当遇到问题、困难时，有勇往直前的精神，我觉得这叫作成功的必然路径。

我的创业之路走得很不容易，就像歌里唱的一样，没有人能够随随便便成功。在经营幼儿园之初经历过很多次困难，比如说在刚开幼儿园的时候，没有资金，和其中一家生源不太好的幼儿园合作，该园空下了很多教室，然后我们谈了一项合作，就是我占用幼儿园的教室，每个月给多少钱，或者是我们分成，因为我的教学效果，包括我的教学环境、理念和文化比较突出，结果生源逐渐多了，把三个教室全部占满了，无形当中给对方造成了压力，结果我被赶出来了，最无法解决的就是只给了1个月时间就得搬走，这1个月时间可把我愁坏了，我就利用10多天找遍整个彭城镇，没找到一个适合我们用的房子，更大的困难是资金不足。找到地方了没有资金怎么办呢？我舍不得这些孩子，家长这么看重我们幼儿园，这种情感上的压力是最大的心理压力，就因为这个事，各种焦虑和忧愁全部交织在一起，基本上到了崩溃的边缘，一下子大病一场，在家整整躺了好几天，浑身无力然后上吐下泻的，那几天基本上没有吃饭，瘦了很多。像这种困难很多很多。

很多人说创业者不容易，现在我们国家提出了"大众创业、万众创新"，让创业者搭上了这列政策的"快车"，让更多的创业者相互交流、互相学习。对于创业者来说，都应开拓自己的眼光、自己的思路，让自己的产品辐射面最大化，主动去做一些创新的事情。

在创业过程中：第一，坚持。在创业过程中都会遇到一些问题，我始终相信坚持的力量。第二，学习。一个企业要发展，产品是基础，学习是灵魂，所以不断地跟你的行业交流，包括未来经营规划的学习。第三，创新。创新是一个企业发展的不竭动力，如果没有创新，企业将会面临被洗牌的局面，我们要跟上时代的潮流，用互联网思维模式不断去创新，要永远站到潮头，要永远有一个凭借点，从我们本身再到团队，有一个预警系统，遇到新的模式一定要去转变，别人没有做的时候我们在做，当别人模仿的时候我们已经成功了！第四，整合。经常说——联盟，很多行业都可以联合起来共同做一件事情，比如现在很多行业发展协会交流能量是非常大的，整合社会资源，整合行业周边所有可以和你对接的企业、行业，共同来发展。就目前的创业环境来说，"90后"这些孩子非常适合创业，因为他们有天马行空的想法，自己的想法是好的，但一定要分享给更多人，千万不要把它当成一个商业机密，当分享给更多人的时候，会有更多的人来替你分析，来替你斟酌这个行业能不能做。

青岛市菏泽商会副会长

创业人物名片：张承彬

青岛青山苑餐饮管理有限公司董事长
青岛青山羊工贸有限公司董事长

挑战自我　用诚信会聚八方客

张承彬

　　他立足为消费者提供安全、健康的餐饮和食品，致力打造从源头生产基地到终端展销平台的健康食品供应链体系，经过10多年的摸爬滚打，目前已经成为岛城备受瞩目的餐饮界领军人物。从年轻时离开老家到青岛创业，20多年来，张承彬总是以饱满的热情和超前的意识从事着经营工作，一步一个脚印，将企业逐渐做实做强，面对激烈的竞争环境，不断调整发展方向，勇立潮头，以小微企业灵活多变的经营特点避免了被社会淘汰的命运。

第一次改变：让吃海鲜的青岛人喜欢吃羊肉
关键词：青山羊肉 PK 青岛海鲜

　　20世纪90年代中期，来自"青山羊"之乡鲁西南单县的张承彬和妻子带着对未来美好生活的期望来到青岛打工。来到青岛后，他先是在一家汽车维修厂从事汽车修理技术工作，除了工作外，平时和同事们吃海鲜喝啤酒。青岛的海鲜虽然好吃，但对于远离家乡的张承彬来讲还是觉得没有家乡的羊肉好。那时候，他满大街找羊肉馆，但令他失望的是青岛街头就没有真正的羊肉馆，而当地的大中型酒店里也极少有以羊肉做主料的菜品。经过调查，他发现青岛人不喜欢吃羊肉是因为羊肉有让人不喜欢的腥膻味，而酒店不喜欢做羊肉也是因为羊肉的腥膻味不好处理，弄得满酒店都是这种难闻的味道。

发现了问题所在，张承彬不禁萌发了在青岛开一家纯正单县羊肉汤馆的想法，他要教给青岛人如何吃单县老家的鲜美羊肉，还有驰名国内外的单县小吃羊肉汤。

青山羊是我国地理保护品种，其核心生长区域就在黄河故道旁边的鲁西南单县。单县羊肉汤创始于清朝嘉庆年间（1807 年），至今已有 200 多年的历史。在中华名吃菜谱中以汤入谱，首开先河，与金华火腿、北京烤鸭并称为"南腿北鸭中间汤"，并以"中华第一汤"之名享誉神州。

张承彬下定决心要让青岛市民了解单县羊肉，进而再让他们喜欢上单县羊肉。于是，他说干就干，于 2001 年在位于浮山后比较偏僻的地段开了青岛第一家纯正的经营地道单县羊肉汤的青山羊上汤馆。当时之所以选择在这里，主要是考虑到这个大社区拥有密集的人口，而相对偏僻的地角使得经营成本也比较低，可以降低经营风险，还有一个重要的原因是张承彬对自己的羊肉馆非常自信，他相信只要羊肉做得好，羊肉汤熬得好，客人们会闻着香味来品尝的。

为了开好这个羊汤馆，张承彬选用老家单县三年龄青山羊，亲自回老家选正宗的青山羊，宰杀好以后在当地冷却排酸，再通过长途客车将整只羊发货到青岛，在店里特意设置了透明厨房，让食客们可以亲眼目睹羊肉入锅和羊汤熬制的全过程，以打消大家对单县羊肉汤白汤的顾虑。

单县羊肉汤因为特殊的工艺，使得汤浓而白，鲜香无比，完全与市民心目中的腥膻味不同，因此，到了青岛后还是很容易被当地市民认可的。张承彬的这家羊汤馆一开张便吸引了不少喜好羊肉的市民光顾，大家不仅自己喝，还经常有很多食客慕名前来品尝，在青岛很快引起了轰动。

为了更好地推广单县羊肉汤，让青岛市民相信单县羊肉汤的真材实料，张承彬还别出心裁地邀请市民到店里，现场教大家制作方法。让市民亲眼看到从生羊肉到鲜美不腥膻的羊肉汤的制作工艺流程，让更多的市民通过亲眼目睹而充分相信单县羊肉汤的真材实料，从而喜欢上单县羊肉汤。

张承彬通过在羊汤馆连续举办多次活动，免费教给市民做羊肉的方法，传播了单县羊肉汤的饮食文化，让市民们慢慢喜欢上吃羊肉、喝鲜美的羊肉汤。紧接着，张承彬又在部分超市开始售卖单县羊肉，在卖羊肉的同时配送制作羊肉汤的调料，市民只需要按照说明去做，在家里就能吃到正宗的单县青山羊肉了。

经营感受：创新是企业生存和发展的基础，但盲目的创新往往会断了小微企业的命！创新一定要脚踏实地，要做足新奇特的文章，想别人所不敢想，做别人所不敢做！

第二次改变：让青岛人冬天吃羊肉变成全年吃羊肉
关键词：冬天吃羊 PK 夏天吃羊

张承彬的青山羊上汤馆因其原料、做法、口味在岛城独树一帜，再加上价位合理，很快就受到岛城市民的喜爱。每年秋冬季节，到青山羊上汤馆喝羊肉汤已经成为爱吃一族的不二选择，但是到了夏天，羊肉汤的销量却急剧下滑。张承彬分析了市场，发现青岛人认为羊肉性热，夏天吃容易上火。

在鲁西南老家，一年四季都吃羊肉，每年夏天还举办"伏羊节"，没听说吃羊肉上火的事情。于是，张承彬就想把老家的"伏羊节"推广到青岛，让青岛人能够接受夏天吃羊肉的饮食习惯。

历史记载，单县"伏羊节"可追溯到尧舜时期。自古鲁西南、苏北、皖北、豫东民间就有"夏天伏羊一碗汤，不用神医开药方"的说法。每年夏季农历入伏第一天，家家宰羊煮羊肉，大家冒着酷暑大口喝着羊汤，大块吃着羊肉，满头大汗不许开窗，也不让用扇子，一味地让全身出汗，现许多地区仍沿袭着这一传统。

怎么样才能让"伏羊节"在青岛得到推广呢？从2009年开始，张承彬就在他的青山羊上汤馆每年夏天推广举办"伏羊节"。他把"伏羊节"引进青岛后，通过各大媒体宣讲"伏羊节"历史沿革和保健知识，有针对性地进行宣传，导入"冬病夏治"的传统疗法，让那些冬天容易生病，而在夏天开始进行调养身体的人群，首先接受"伏羊节"，让他们去感受和尝试，宣传的抓手找对了，宣传的效果也就好了。通过多种渠道的宣传报道，张承彬的青山羊上汤馆举办的"伏羊节"富有地域特色，前来参加"伏羊节"活动的人非常多。活动既让市民通过吃羊肉达到冬病夏治的目的，同时也为青山羊上汤馆带来了好口碑。经过多次举办"伏羊节"，青岛夏天吃羊肉的风气已经形成，随之而来的是各种风格的羊肉汤馆开始在青岛各个角落扎根。

经营感受：企业运营过程中总会遇到各种挑战，此时，要想方设法去面对，而不是消极回避，因为方法总比困难多。面对困难，要选好着力点，有针对性地去应对，集中精力做好一件事，再由点带面，把整个事都做好，切忌全面开花，不分主次，什么都想做，结果什么都做不好。

第三次改变：引进老家又粗又嫩的绿豆芽，让青岛人赞不绝口

关键词：又粗又水嫩 PK 细长还有筋

食用芽菜是近年来的新时尚，芽菜中以绿豆芽最为便宜，而且营养丰富，是自然食用主义者所推崇的食品之一。

　　张承彬在经营酒店的过程中发现，青岛市场上的绿豆芽不仅细长有筋，口感很差，还容易腐烂，做出的菜品味道欠佳，而自己饭店里经常有来自老家单县的客人提建议，让他从单县带当地那种又粗又嫩的绿豆芽。

　　为了满足市场需求，张承彬就尝试着从单县老家发一些当地的绿豆芽到酒店，专门供应老家的客户，豆芽来到后，让单县的厨师完全按照家乡的做法进行烹饪，用辣椒和香醋烹锅后进行爆炒，做出来的辣炒绿豆芽口感酸辣适中、鲜香脆嫩，很受来自单县及周边食客们的喜爱。青岛本地的食客看到这种又粗又短、胖胖嫩嫩的绿豆芽以后也感到好奇，有人开始尝试点这道菜，其绝佳的口感自然让这些食客们赞叹不已，许多人因为想吃这种绿豆芽而特意带上朋友和家人赶来品尝。于是，这道菜慢慢地成为了店里的必点菜品，销量大增。

　　但是，从老家运过来的绿豆芽数量有限，只够酒店用一餐到两餐。因为几年前单县到青岛还没有专门的物流公司，所有的绿豆芽都需要通过长途客车运送而来，再加上发货、收货的时间，整个运输过程就要超过10小时，而绿豆芽非常娇嫩，车上温度稍微一高，运到青岛后就坏了。现在，物流业发达了，运输数量已经不再是问题，但因为时效性难以保证，还有不可控的气候温度环境，从老家运来的绿豆芽到青岛的酒店里使用还是有难以控制的风险。

　　怎样才能让青岛市民吃到脆嫩的老家绿豆芽？这成为困扰张承彬的一大难题，于是，他开始思考如何把单县老家制作绿豆芽的专家请到青岛来，在青岛当地生产单县特色绿豆芽。

　　为了解决这个问题，张承彬回到单县，考察市场。他得知单县当地制作绿豆芽的高手大都集中在终兴镇、蔡堂镇等单县东部和东南地区的乡镇，而且这些制作绿豆芽的高手大都是亲戚关系，年纪也都比较大了，守着自己的家乡，不愿意离开。

　　既然知道了高手在哪儿，那就好办了。张承彬去找这些制作豆芽的高手，承诺给予高薪请他们到青岛来，但即便如此，很多人也不愿意离开故土。一次请不来，张承彬就去请第二次和第三次。实在请不来，他就托朋友介绍，备上好烟好酒多次登门拜访。最后，张承彬的真诚终于得到了回报：一位制作绿豆芽的高手决定全家跟随张承彬来到青岛，专门帮助他制作单县老家风格的绿豆芽。这位专家制作的绿豆芽专供张承彬自己的酒店使用，使其成为酒店的一道特色菜。很多慕名单县特色绿豆芽的食客情愿开车一个多小时，花上几十元吃顿工作餐。

经营感受：小微企业要不断创新，要在经营过程中拥有独到的眼光，要看到别人看不到的东西，要加大对技术的投入，通过引入技术人才从而使企业保持明显的技术优势，实现差异化经营，做到人无我有，这样才能更容易获得竞争优势，从而在激烈的市场竞争中占得先机。

第四次改变：将绿豆芽规模化生产，进入市场销售
关键词：故步自封 PK 勇于挑战

凭借特色的绿豆芽菜品和地道的羊肉汤，张承彬的酒店生意越来越红火，人气爆棚，但在张承彬看来，背后的市场危机却是不容小视的。市场是逐利的，哪里有利益，哪里就有竞争。张承彬看到，自己店里的这种豆芽如此受欢迎，肯定会有更多的酒店进行模仿，时间长了，自己的这种竞争优势也就将不复存在。怎么办？

面对这个问题，擅长竞争、思想超前的张承彬决定把这种豆芽在青岛的酒店进行推广，扩大规模进行生产，把豆芽菜做成实实在在的豆芽生意！

于是，他开始筹备豆芽规模化生产，在城阳选了一处适合生产豆芽的工厂作为生产基地，招聘工人、培养技术人员和销售队伍，开始

将自己的豆芽往市场上推广。

相比于手工作坊式生产，豆芽规模化生产将面临诸多的难题。据张承彬介绍，他一开始也不懂得绿豆芽的规模化生产技术，因为原来的师傅是个人做，每天的量很小，容易管理，但一旦上了规模则完全不一样了。经过多次的失败，他慢慢摸索出了一套规模化绿豆芽生产要点：要培育出优质的商品豆芽，必须供给充足的水分、适宜的温度、暗淡的光线、稳定的空气，这是豆芽生产的四大要素。这是张承彬通过很长时间的摸索才总结出来的经验。经过多次实验，他还发现绿豆芽的最低发芽温度是2℃，最佳生长温度是25℃。温度如果低于18℃，豆芽就会生长缓慢，芽体不白，生产周期也相应变长，而豆芽的产量却很低；温度如果高于30℃，豆芽就会生长过快，长得细弱，有柴筋，品质变得次劣，而且容易烧芽烂缸。因为种豆发芽时，其原生质由凝胶状态变为溶胶状态，各种酶的活性与呼吸作用都需要能量的供应，必须在合适的温度条件下才能顺利进行。如果罐内空气流通过快、氧气太过充足、光照太强，豆芽就会长得根繁叶茂，同样质量次劣。

为了获得最大化的市场利益，市面上很多豆芽生产厂家都会使用药物来控制，避免豆芽在快速生长过程中腐烂变质。而张承彬的单县老家风格的绿豆芽在生产过程中不使用任何药物，为了保持又粗又短、脆嫩可口的特点，生长环境温度要低，还要使用比普通绿豆芽更多的水，以保持豆芽的生长温度并及时对豆芽进行冲洗，避免霉菌滋生，否则豆芽就会容易腐烂变坏，因此，其生产成本非常高，加之出成率低，产品的成本要比正常豆芽高好多倍，再加上企业的经营利润，豆芽的售价非常高，是普通豆芽的3倍多。

这么高的售价，如果直接投放大众市场，可能会面临较大的压力，于是，张承彬首先选择了自己比较熟悉的酒店作为突破口，选择了一些酒店进行销售推广。凭借良好的口感，这种又粗又嫩的豆芽自然在酒店里很受欢迎，成为很多酒店的特色菜品，而随着越来越多的酒店选择这款绿豆芽，青岛市民们慢慢熟悉和接受了这种特色的绿豆芽。

食客们认可，酒店自然愿意接受，于是，很多酒店慕名找到张承彬，要求大量订购他的产品，以确保持续不断地供应市场。

经营感受：小微企业一定要生产市场需求的好产品，新产品开始做市场时一定要找对路子，渠道为王，必须为自己的产品找到正确的销售渠道，否则，好产品也很难有好市场。

第五次改变：研发现代化机械加工生产绿豆芽生产线，造福百姓

关键词：土缸古法生产 PK 添加药物激素

又粗又嫩的特色绿豆芽在青岛各大中小型酒店开始有了较大市场后，张承彬又有了一个想法：既然绿豆芽在青岛的酒店内卖得很好，那能不能推广到市场上，让更多的青岛市民都能品尝到单县的这道美味菜品？也让更多的市民不再受毒豆芽的危害？

绿豆芽本来是一款非常有营养价值的芽菜，是老百姓一年四季均可以享用的美味，但在一些不法商家逐利心态驱使下，这种健康的芽菜慢慢成了危害人们健康的杀手！为了让豆芽长得快并降低生产成本，一些生产厂家在生产绿豆芽的过程中使用不锈钢和塑料材料制作的容器，这些容器使用周期长，不容易坏掉，但因为不透气，豆芽在生长过程中所需的空气得不到很好的补充，使得豆芽生长受阻，还容易导致腐烂，于是，为了防止豆芽烂掉，一些诸如防腐剂、生长激素等添加剂被应用到豆芽生产中来，使得原本对人体健康的豆芽变成了毒豆芽。目前，市面上很多又细又长的绿豆芽大都是使用了非法添加剂的毒豆芽。

对于毒豆芽给人们健康带来的危害，张承彬感到非常痛心，他决心要把自己老家的这种健康无污染的高品质绿豆芽从酒店推向更广大

的市场。

经过在一些酒店的销售推广，张承彬发现广大消费者普遍认可这种口感脆嫩的绿豆芽，而越来越多的酒店和餐馆愿意接受他的产品，作为一道特色菜进行推广。这说明单县老家这种风格的绿豆芽拥有较大的市场潜力，但鉴于生产成本高昂，如果走向市场可能会面临比较尴尬的境地：普通消费者恐怕对销售价格承受不起。

怎么办？只有降低生产成本！

因为豆芽的生产条件决定了其相当大的一块成本，而要降低成本只有在生产效率上下功夫，将人工成本降下来。要降低人工成本，只有利用机械化，将原先由人操作的工作改成由机械操作，这样就可以在不降低产品品质的同时有效地降低生产成本，将豆芽的成本降下来，从而更好地让这种特色绿豆芽能够以源源不断又相对低廉的价格供应市场，让更多的消费者接受并获益。

有了这个想法，张承彬就坐不住了。此时，他的酒店经营已经进入良性循环，于是，他就一头扎进怎样建设现代化的豆芽加工厂里。经过市场调研，张承彬发现现代化生产绿豆芽的机器，目前只在日本生产，但是价格太高。虽然经过多年积累，张承彬具有了一定的资本，但是想购买日本的这套机器，还是心有余而力不足。

怎么办？张承彬利用自己刚到青岛时曾经在汽车修理厂工作的经验，开始自己研发现代化、机械化的豆芽机器。为此，他专门到日本以考察的名义见到了豆芽机的生产线，这次日本之行也解决了困惑他良久的技术难题。经过几百次的设计、定型，他自己设计图纸，请青岛、苏州、四川等地的工厂帮助调试加工。现在，这条现代化的绿豆芽自动生产线设备已经研发成功并申请了多项国家专利，拥有完全自主知识产权。利用这套设备，从投料到出成品，其间不需要人工进行具体的操作，绿豆和豆芽完全是在自动化的流水线上缓慢前行，在不同的时期喷淋的水量和水温以及豆芽生长所需的空气量大小完全是依靠电脑自动控制的，利用水和空气来自动调节豆芽生长所需的温度。

　　在研究机械化生产线的同时，张承彬还同步研究了催发绿豆芽的土缸。在老家，制作绿豆芽都是使用土缸。这种土缸用沙子和水泥制作而成，具有较好的透气性，但是老家现在几乎没有人制作土缸了。听说他需要上万口土缸，没有人敢接这个活。一位做土缸的师傅说，他们一年能生产100口缸就很不容易了。但是，张承彬设计的一条生产线就需要200口缸。

　　土缸不好找，张承彬就想到了松木、香柏木等木头和火山岩等石头，用木头和石头制作容易成型还不易损坏，经过300多次的实验，最后都被否定了，原因是用石头和木头制作的缸体不易散热，生产绿豆芽容易烂根、发霉。

　　最后，经过在十几个省市的考察，张承彬在四川和河南找到适合的土缸，委托他们加工，然后再用专业工具打眼，来生产适合豆芽生长的温湿条件的缸体。

　　由于研发和生产费用较高，需要大量的资金，张承彬就把房子做了抵押，从银行贷款，筹措到所需要的资金。现在，新厂房马上就要投产，等正式生产后，一天最多能产出近百吨高品质的成品绿豆芽供应青岛市场。

　　经营感受：小微企业更要舍得投入研发，不断地进行技术创新，尤其是对于劳动力密集型的小微企业来讲，一定要想方设法加大科技投入，利用先进的技术来武装自己，尽可能多地选用机器生产，降低对人力资本的依赖，从而有效降低人工成本，只有这样才能让企业立于不败之地。面对竞争日益白热化的市场，只有独创一个属于自己的空间，才能更好地生存下去。

　　企业当下急需政府部门解决如下难题：
　　（1）企业的研发支出越来越多，但费用发生时发票不全，还有很多收据，能否作为企业的研发支出，在税前扣除？

（2）企业招用本地的农民工交社保的费用越来越多，能否给予一定的社保补贴？

（3）企业研发的豆芽机械设备，是否属于农具机械？能否享受免税政策或者一定的税收优惠政策？

（4）企业收购大豆进而生产的豆芽产品，是否能免征蔬菜流通环节增值税？

（5）企业的规模越来越大，需要的资金也越来越多，政府能否提供无抵押贷款？或者向银行贷款时能否有一定的利息补贴？

（6）企业研发的豆芽设备，已向国家专利总局申请了设备专利，向科技局申请了高新企业。是否能享受一定的奖励政策？

河北省馆陶翔杰陶艺有限公司创始人

创业人物名片：王少红

邯郸市"优秀创业青年"

2011 年邯郸市"农村创业致富青年"

2013 年邯郸市"优秀青年联合会委员"

游走于古老和繁华之间

王少红

　　第一次随少红去参观他的制陶厂，是在深秋。天空深邃而高远，黄绿交错的树叶在风中"沙沙"作响。车出县城一路向南，在崎岖的路上晃荡了 10 分钟左右，然后拐进了一个偏僻的胡同，再拐几个弯，一座农家院落出现在眼前。少红说，这就是他的作坊。再普通不过的院子，红砖蓝瓦的房子，墙根杂草丛生。很难相信，人们口口相传的翔杰陶艺，那些摆在窗明几净的房间中的高档工艺品，竟然诞生在这个不为人知的偏僻地方。

　　灰色的大门打开，宽阔的院子里摆着各种形状的陶坯，这都是刚制作好的，正在晾晒。进了屋子，角落里堆满了泥制的瓶瓶罐罐，几个年轻的员工全神贯注，在陶坯上绘制图案花纹。前面一间屋子到处堆积着黄土，一名中年妇女坐在拉坯机上，手捧着旋转的泥块。她的手沾满了泥，但手法很娴熟，伴随着拉坯机盘面均匀的旋转，一个细长的瓶子逐渐成形，令人啧啧赞叹。少红介绍道，别看这些黄泥不起眼，这可是千辛万苦从黄河故道上挖回来的。黄河故道，就在这个县城西面的荒地，那里原本是黄河流经之地，后来被风沙淹埋。这些远古沉积下来的优质黏土，成就了馆陶的黑陶艺术。再往前走，就是窑洞了。窑洞面积不超过 10 平方米，火膛口非常矮，人恐怕只能爬着钻进去。里面摆放的陶坯大小不一，陶坯下面，是烤得炙热的煤炭。那火在窑洞的黑暗里，不再是常见的通红，而是耀眼的金黄。在高温的煅烧下，陶坯就是浴火的凤凰，经过涅槃而后重生。土与火，两种简单寻常的东西，赋予黑陶一种热烈而朴素的力量，以及一份原始的神秘感。黑陶就是土与火的艺术。

他在县城还有一个展销厅，是个临街二层小楼，上下九间。透过橱窗，看到那些烧制而成的工艺品，琳琅满目地摆在架子上。视线从这些大大小小的工艺品上依次移过，心里还闪烁着金黄的炉火。人们总结它的特点是"薄如纸、亮如镜、黑如漆、声如磬"，的确很到位。少红说，他的生活分为两部分：一部分是关在作坊里，守在窑洞前，在古老的黑陶世界里孑然一身苦心钻研；另一部分是拉着作品，天南海北地送货，穿梭在现代化的人群中。这两者缺一不可，没有艺术世界里的探微，就没有现实世界的翱翔。所幸，他赖以养家糊口的，正是他的最爱。这就够了。能够从容地游走于古老与繁华之间，也是一种诗意的存在。

一

我国的造型艺术始于陶，史书记载："神农作瓦曰陶。"宋应星在其所著的《天工开物·陶埏》中对陶器工艺有这样一段概括："水火既济而土合。"

馆陶的名字就源于陶山黑陶，古人所谓"陶山者，山如陶，陶如山也"即为明证。相传，古时候馆陶县有座大山叫陶山，陶山一带以盛产黑陶而闻名，沿馆陶卫河两岸的毛圈、刘圈一带有皇窑72座，主要烧制皇城砖和黑陶。据有关专家考证，北京紫禁城所用砖即产于此地，这一点从窑址残存的遗迹和发掘出的古陶制品也大可证实。

黑陶，也许是它的工艺偏于烦琐复杂，或许是传播区域太小，致使这种技术失传。20世纪80年代，北京著名画家汪易扬和多名著名陶瓷专家来到馆陶县进行黑陶的研制开发，最终破译了黑陶制作的密码。之后，一代又一代馆陶人致力于黑陶事业发展，涌现出了李思月、殷俊廷等一批工艺大师，黑陶技艺日臻成熟，影响越来越大，成为馆陶的一张名片。

馆陶籍著名诗人雁翼初识家乡黑陶时惊喜不已。在《黑陶初记》写道：那长发少女的头像/似乎我在巴黎一位诗人书房墙壁上看到过/那变形的大力士又把我引到东柏林古老的博物馆之岛/各种小鸟联飞的透雕台灯柱/似乎在西柏林一家宾馆里伴过我思乡之梦/而那似乎走了很远很远的路坐下来闭目沉思的女佛/在曼谷木雕商店里诱惑过我……

它古朴而又精致的身影，仿佛一个幽灵，从远古走来……少红这样描述第一次见到黑陶时心灵的震撼。在那个时候，一颗种子就开始发芽。

少红与黑陶，是与生俱来的缘分。在厚重历史文化的熏陶浸染下，他从小酷爱美术。小时候家里穷，没钱买纸和画笔，就用树枝、白灰块在地上、墙上画，没有专业老师，就自己画，看见什么画什么，也画得有滋有味。上学期间，在没有老师指导的情况下，以一幅用铅笔白描的上山虎，获得全校第二名。学校想保送他到专业美术学校学习，可农村娃，有学上就不错，家里哪里想到送他出去上学，再说哪有钱去供他。一双张了又张的翅膀又合上了。他只能把它当作一种乐趣，没事就写写画画。

后来参军入伍，他一心一意地参加军营学习、锻炼、工作，与绘画的距离远了，但他没有放弃爱好。在工作方面态度认真负责，入伍第一年荣获"优秀士兵"奖章，第二年成了光荣的中国共产党党员。2003年他退役后，自己在北京一家护卫中心，谋了一份运钞车护卫员的工作，由于对工作认真负责，3个月后提升为车长，后来很快又提升为队长。在抗"非典"战役中，由于他特有的品质，不怕苦累，表现出色，受到北京市公安局的嘉奖，12个月后提升为地下金库主任。

生活条件改善了，但他的内心还有缺憾，认为这不是自己想要的人生。直到有一天，他在报纸上看到一篇关于黑陶的报道，说中国人民生活在物质方面都满足了，从而对精神生活有了更高的追求，黑陶作为他们家乡文化的特产，应该得到弘扬，也应该很有市场。一个念头闪现出来，既然有绘画功底，又这么喜欢黑陶艺术，何不办一家生产黑陶工艺品的企业。他与黑陶的故事从此就开始了。想到就做，他向领导递交了辞职信。这件事父母毫不知情，同事也都不相信，因为到主任这个位置，已经令很多人艳羡，一般人很难下这个决心。

二

办黑陶企业谈何容易。首先要过的就是技术关。没有技术，就无法立身。虽然他一直喜欢黑陶，也有美术功底，但真正干起来，真是刺窝里摘花——不知从何下手。黑陶可不是小孩过家家，拿个泥巴捏捏就行了，不仅需要一整套的生产工艺流程，更需要精湛的技术和深厚的艺术功底。于是他就从学徒开始做起。所幸，已经有好几个前辈披荆斩棘，走出了一条成功的道路。黑陶已经成为馆陶的名片，他们也已经成为黑陶艺术里殿堂级的人物。少红是幸运的，正赶上陶艺公司招学徒工，他义无反顾地踏入了这座宝库。在这个世界里，他的身边、眼中、手中全部充斥着黑陶，这个看似神秘又陌生的工艺向他展现出无穷无尽的奥秘和魅力。他如饥似渴地学习着各种知识。

求学的路历来是艰难的。他的家离工厂30多里，每天来回跑。他家里很穷，连自行车都买不起，只好徒步往返。由于怕迟到，他每天起得很早。冬天清早，天还是漆黑一片，他摸黑起床，在影影绰绰里摸索前行。有时下着大雪，他的兴致来了，一路小跑，晃晃身边的树枝，碎琼乱玉跌落下来。他唱着歌，抒发着少年的情怀。到工厂时候大门还没有开，他就在大门口哆哆嗦嗦地等着。看门的大爷把门一开，他就挤进车间，一个人开始练习黑陶制作技艺。到了第二年夏天，天又很热，大清早衣服走得汗湿，前胸贴着后背。在闷热的屋子里，很多学徒都待不住，跑到院子里乘凉。但一股学成创业的信念支撑着他，他从不出门半步。中午下班后，他简单吃几口饭，马上返回车间继续学习。下午下班后，他继续练习，直到天黑下来，什么也看不到了，他才磨蹭着回家去。

别人需要半年学会的简要工艺，他3个月就学会了。他在这里学习了7个月，把能学的都学会了。但他知道，这还远远不够，研光、绘画、镂刻、抛光这些都只是简单的工艺，也只是整套黑陶工艺流程中的皮毛，真正的核心技术是选料、拉坯、烧制。但这些都是非常保密的，要想在黑陶路上前行，必须靠自己去钻研、探索。

三

黑陶的原料是陶土，他们当地叫作胶泥（小的时候大家经常玩的那种红色的泥）。馆陶城东5公里东沙河即为黄河故道，形成了红土、沙土、混合土等各种土层，为制作黑陶提供了丰富的原料。但并不是所有土都能入料，究竟哪种土适合，需要摸索与实验。

开始他在县城周边找到一些陶土，但是洗炼好的陶土在初期工艺还没有制作完成就断裂了。他连着做了好几个，还是相同的结果。后来他就查找一些资料，才知道，黑陶是用术名叫做鱼鳞胶的陶土，这种陶土质地细腻、黏性好、纯度高，成品率可以达到70%～80%，这一下他高兴坏了，但是不知道哪儿的鱼鳞胶才是最纯正的。他就向一位在砖窑厂工作的老伯请教，老伯指点他说，卫东那里鱼鳞胶比较多，质地也不错，可以去卫东问问。他当即骑上自行车就向卫东出发了，沿着武馆线向北走，边走边问，边注意地里的土质。那时候已经是初冬了，虽然戴着手套，但还是感觉手冻得发疼，骑一会儿自行车就下

63

来跑一会儿，感觉还好一些。他最后找到刘圈村，那里的鱼鳞胶在故河道中，胶土层质地细腻，黏性好，纯度高，就是最适合制作黑陶的陶土，本地管它叫做"狗头胶"。

这只是第一步，接下来的拉坯工艺更为关键。按照黑陶拉坯要求，拉制出来的黑陶瓶体要达到薄如纸的标准。这需要长时间的练习，勤奋钻研，积累经验。通过不断的努力，他从泥土的选料开始，经手工淘洗澄泥到拉坯、修坯，再到研光、绘画、雕刻、阴干、抛光等十几道工艺全部熟练掌握。接着最关键且最难掌握的一个技术问题就出现了，那就是烧制。黑陶产品采用的是渗碳工艺，土窑烧制，人工控温，上下不能相差一百度，所以烧制工艺复杂，难以掌握。稍微疏忽大意，之前的几十道工艺都会前功尽弃，一切努力付之一炬。但是他不怕，他已经做好了迎接失败的准备，想要掌握黑陶烧制技术，就必须经历潜心学习克服技术难关的过程，这个过程他不知道需要多久，但是他敢肯定他能够胜利！于是他自行设计，画了一张土窑的剖面内部结构图，自己用普通红砖在自家的小院里建造了一个一米见方的小窑，做好一切准备，就差点火试验了。他在这里向大家透露了一个小秘密，就是大家都知道神仙里面有一位窑神，据说他的窑就归他管。听老人说，烧窑之前先给窑神上香、上供、放鞭炮，这样才能把窑里的东西完好地烧制出来。他告诉大家，每次烧窑，他都放鞭炮、上香、上供，可是窑神只收礼不办事，根本就不管他窑里的东西烧得怎么样，烧了7窑都没成功。烧完以后，把东西拿出来那就没法看，那几窑烧的黑陶出来有花的，有裂的，有碎的，有崩的。他爸妈看到就说："你别干啦，根本就烧不成。"直接判他一个死刑。即使这样，他也从不气馁，坚信只要用心学习积累，功到自然成。他用笔记本详细记录每一次烧制过程，反复总结经验，细心积累每个时间段的窑变过程，每次总结经验后，都能汲取更多的技术营养，烧制也一窑比一窑的效果好，这就证明他距离烧制成功越来越近。每当有进步的时候，他都会哼哼两句歌，也不知道他哼的是什么歌，反正就是挺高兴。家人看到他高兴，知道他又有进步了，也为他高兴，鼓励他说："只要用心去认真做事，就一定会成功的!"他相信，在用心去做事的时候，就已经成功一半了。

那段时间，真是"为伊消得人憔悴"。他不断反复试验，查找原因，熬红了眼，累瘦了脸，五尺高的汉子走路都在打飘。在经过认真思考，仔细推敲烧窑每一个细节后，多次改动窑的内部结构，认真总结了之前多次烧窑失败的教训，他再次拿起笔，规划好烧窑的每一个步骤，做好了又一次试验烧窑的准备，他聚精会神，满怀信心地点火了。当一件件黑如漆、亮如镜、叩之有声的黑陶工艺品出现在眼前时，家人一片欢腾。其中的辛苦真是没有白费，他完全掌握了黑陶生产工艺和最关键的烧制技术!

县团委领导知道他的创业故事后，授予他"青年岗位能手"称号，以示激励。他喜欢一句话，就是"天道酬勤"，他相信付出必会有收获。只要是他认准的事，几头牛也拉不回来。就是这股劲头，让他顶住了失败，扛住了压力，战胜了种种困难。创业不易，不轻易言败，坚持坚持再坚持，这是他在创业初期最大的心得体会。

四

积极的心态和坚定的意志可以激发一个人内在的潜力和才华。当他全面掌握黑陶制作工艺后，2007 年自办陶艺工作室，慢慢招收学徒，认认真真、手把手地、一点一点地把黑陶生产工艺传授给学徒。同时，他更把克服困难、保持良好心态当作一种品质，以其去影响和要求他们。他们凝心聚力，在提高产品质量上苦下功夫，在增强黑陶艺术欣赏价值上不断探索。

创新这个词好说不好做! 在以往的黑陶工艺上只有镂空、彩陶、注浆工艺，没有艺术含量更高的工艺，于是他想到了工艺复杂的浮雕及影雕（如果把浮雕和影雕工艺与黑陶文化底蕴完美结合，可以增强黑陶文化的艺术含量）。然而，困难远远超过他的想象。普通工艺的黑陶，瓶壁的厚度都很均匀，烧制得都很好；但做好的浮雕作品，在烧制时却怎么也烧不好。然而他不信这个邪，他暗自下定决心，一定要找到是什么原因导致浮雕作品一烧即坏。经过潜心总结经验教训，仔细观察裂纹位置，最后终于找到了浮雕作品凸出部分容易崩裂的原因是壁的厚度不一，瓶壁受热不均匀。为使作品在烧制过程中收缩得更加缓和，最大程度地降低作品的不均匀受热，他小心翼翼烧制提温，最终取得了成功。他又一次克服了难关，掌握了浮雕作品的烧制技术，大大提高了黑陶保值、收藏、传世的价值。在他的潜心学习研究下，开发了一批具有较高艺术价值的浮雕黑陶作品，并在 2008 年北京国际创意博览会上，受到了中外朋友的赞扬。作品《开辟》荣获北京国际创意博览会一等奖。2009 年，他获得邯郸市"优秀创业青年"荣誉称号。2011 年获得邯郸市"农村创业致富青年"荣誉称号。2013 年获得邯郸市"优秀青年联合会委员"荣誉称号。这些荣誉鼓励他再接再厉，使他深深感受到"梅花香自苦寒来"这句千古名言的内在含义！

虽然获得了荣誉，但他深知自身还存在许多不足，需要不断地向前辈们学习，提高自身的综合素质。2013 年后半年，公司的研发队伍新研发的古人食用陶器已经实验成功，质地坚硬，不渗漏液体，可盛水盛饭。他非常希望能把陶器融入人们的日常生活饮食中，重现古代的生活场景。

五

产品生产出来了，可是往哪里销售呢？这是决定命运的最后一步。最初，他一个人去北京打销路，拉着一个行李架，上面绑着 5 件黑陶，白天找销路，晚上住网吧。网吧有三点好处：第一是省钱，可以在网吧里面过夜，一晚上 20 元；第二是可以在网上搜一下哪儿有礼品店，查好后用笔记本记下来，第二天再去找；第三就是可以听听喜欢的音乐。那段日子里，他省吃俭用，两个馒头，一袋榨菜，就是一顿饭。幸运的是，经过介绍黑陶独有的艺术体现形式和精湛的纯手工工艺，很快便吸引了人们的目光，其销量在逐步扩大。同时，他对外进行黑陶文化宣传，由最初的一个馆陶（馆陶县翔杰黑陶艺术展厅）销售点增加到现在的北京、上海、广州、成都、唐山、银川、济宁、郑州等多个销售渠道，取得了显著的成效。

在技艺和销售不断取得突破的同时，他的企业也在不断发展壮大。由最初的 3 个人发展到现在的 30 多人，"翔杰黑陶"也成长为"翔杰陶艺有限公司"。

当今经济形势不是很好，目前他的公司长远的发展口号是：稳为基础，突破为主。同时，公司规划了一个新厂区，里面设有陶吧，正在准备施工。为黑陶文化，建设一个人人都能亲身体验黑陶制作技艺的文化娱乐场所。最主要的是能够为黑陶文化事业发掘喜爱黑陶艺术的传承人才。

他的座右铭是：坚定自己的信念，做一个对社会有用的人。他会带领全体员工坚定地向前走，把黑陶作为传承馆陶历史文化的一种使命，更加努力钻研黑陶艺术，发扬黑陶文化，让黑陶走向全国，走向世界，为打造文化馆陶这张名片贡献自己的力量。

青海省西宁市德隆印刷厂创始人

创业人物名片：张芳平

执着创业十一载　光彩绽放德隆

张芳平

"面对未来，印刷企业要做颠覆者，就注定要和风险相伴，只有眼高方能路宽。"

印刷充满了魅力，它使我们的世界五彩缤纷，要把创意变成现实，未来的德隆只有靠实践和探索。不管创新之路多难，我们也要适应新常态、控制成本、提升效率、创造辉煌。

我见证了德隆的成长，幸福德隆、美丽德隆不再是遥远的梦！

"德隆"创建于2004年，已走过了11个年头。11年在人生中算是一段不短的时光，德隆人也不断对自己、企业形成了新的认识。一路走来，每一步决策都在稳扎稳打与百变求新中，不断地为企业发展带来惊喜，终于有了现在的一点点成绩，然而还没来得及分享快乐，时令的冬季已经随着第一波寒潮不约而至，中国制造业与服务业的寒冬也早已带着凛冽的大风呼啸而来。

在一切都被互联网化的今天，我们传统的印刷业如何创新，如何转型，这需要我们好好思考。回顾、展望本是常态，梳理和回顾11年来德隆发展的体验和感悟或许能给自己、同行带来一点有益的启示。

说起德隆，先要从我这个所谓的草根企业家说起。在自己过半的人生历程中，几次重大选择串起了我生命的轨迹。一次次选择，一步步走来，回头望去，感叹当初的选择，还真是需要魄力和勇气的。

岁月轨迹

20世纪80年代末期，我离开成都理工大学的校门，年轻的我跟着爱情的感觉与现在的丈夫来到高原古城——西宁，在这里寻找自我的价值，开启人生旅程的起点，将自己的追求和梦想播撒在这块土地上并开花结果。

1995年，地质勘探行业已经开始不太景气，效益下滑，面对职业的选择，我去了单位下属的地图制印厂工作，负责主管地质图、地质报告的印刷，从此和印刷结下了不解之缘。那时的我虚心向师傅学习，不懂就问，一张地质图有20多种颜色，全靠手工加网叠加而成，需要极其的认真细心才能完成。我负责出版的50多种图幅和报告印刷精美、编辑美观、色彩饱和、套合准确，曾多次荣获青海省地勘局、省新闻出版局优质品奖励。

受父亲影响，我从小喜欢干净整齐，经常把办公室收拾得清爽利索，工作台上方挂着屈原《离骚》中"路漫漫其修远兮，吾将上下而求索"的条幅，我经常用这句话来激励自己，当时就是想要为这个印刷企业做些事情。在1998年底正好遇到这样的机会，几个同事和我承包了该印刷厂，我担任副厂长，在工作中，从他们身上我看到了吃苦的品格、执行的力量、远见的智慧、挑战的勇气这些优秀的特质。那时的我，仰望星空，脚踏实地，希望在向同事学习的过程中，能够为印刷厂带来与众不同的新面貌。我们曾经为完成西宁市某单位的印刷项目，连续30多天加班，有时加班太晚了就睡在车间的纸堆里或办公室的沙发上，现在回忆起来虽然苦，心里还是洋溢着快乐自豪，因为曾经奋斗过。

2001年我担任厂长，另外两个领导朋友先后各自去其他单位施展才能，如今的他们已是成就了一番大事业的知名人士，他们是我企业经营管理的启蒙者。2001～2004年，当时各级领导非常关心企业的发展，我也积累了生产、管理上的经验，扭转了企业多年的亏损局面，取得了良好的经济效益和社会效益。

2004年9月，省地矿局要改制合并下属的两个印刷企业，命运让我又一次做出了重大的选择：离开国企自己创业。我没有任何犹豫，与几个同事将即将濒临倒闭的一家印刷厂全盘接手，开启了我人生创业的拼搏之路。在发展企业的路上，现实告诉我这条路既不是开满鲜花，也不是遍布荆棘。

创业初期条件极其简陋，7个人、1台01印刷机、60平方米的二层厂房用螺旋式的楼梯连接，上下楼小心翼翼，唯恐坠落。2005年和2007年选择西宁市郊区出租的二层院子作为厂房，先后搬迁两次，一次比一次进步。

2013年6月，在政府的帮助和扶持下，德隆终于从农村走向城市，搬迁进入青海生物园区国家级孵化中心，德隆以崭新的面貌出现了，这意味着德隆人踏上了一个新的台阶，一个宽敞明亮整洁的车间，一台台新购进的设备，新人的进入犹如一股新鲜的血液和力量，德隆在"文化＋"与"互联网＋"的背景下，迎来了新的发展路径。

德隆团队

德隆在青海西宁印刷行业也算小有名气，主要总结了以下四点优势：①德隆的信用好；②德隆的文化好；③德隆的质量好；④德隆的服务好。德隆的经营哲学——德隆的理念：先做人后做事；德隆的做法：将举足轻重的事做到无懈可击，将微不足道的事做到完美无瑕；德隆的目标：追求第一；德隆的承诺：一旦承诺就全力以赴；德隆的使命：追求全体员工物质和精神两方面的幸福，为社会做贡献；德隆

71

的智慧：活着就要感谢；德隆的价值观：亲和、诚实、勤劳；德隆的愿景：打造成为世界一流的印刷企业。

正是因为遵循着以上这样的企业发展理念，德隆得到了社会认可，并在市场经济中占有一席之地。2013 年，德隆由青海省委宣传部、青海省民营企业协会授予"诚信民营企业"荣誉称号。德隆能走到今天靠的就是诚信，对客户真诚，讲信用、讲情谊，情谊比利益更重要，从来不会为自己的利益不择手段，赢得了客户的信赖。对干部一再倡导"身正方能带人，律己方能服人"，"其身正，不令而行，其身不正，虽令不从"，管理人员自律诚实勤奋。在这里，我要为德隆的三位高管干部点个赞，邱若帆——踏实、肯干、专业、节俭；蔡木华——温和、坚韧、认真、有谋略；邵明振——聪慧、自律、有担当、敢挑战。他们陪伴德隆走过了 11 个春秋，年复一年，日复一日，不断被琐碎平凡的工作磨砺摔打，一点一点认真地去克服，去完成，正因为他们辛苦的付出才成就了现在的德隆。德隆的员工真诚善良，言而有信。德隆尽最大努力去追求全体员工物质和精神两方面的幸福，2014 年为员工缴纳养老、医疗、生育、失业、工伤、意外保险 19.88 万元；组织工龄 5 年以上的员工 16 人去泰国旅游；各种节日给员工送上真诚而美好的祝福，员工因德隆而骄傲，因德隆而富有。

对德隆而言，只有苦练内功，融合创新，发挥企业的市场主体作用，实施精细化管理，培养高技能人才队伍，才能更好地服务社会。因此，不断加强教育培训、培育印刷领域的技术人才、提升精细化管理水平是德隆的首要任务。

学习是德隆成长的基因，员工和德隆一起成长，强制引导员工必须学习，学习能力要强，要成长提升，不学习、不进步将被淘汰，公司和专业培训公司联合，一年里各种培训从未间断，例如责任胜于能力、团队执行力、魅力女性、卓越生产管理、成功从优秀员工做起、国学智慧与企业家修炼等。富人不学富不长久，穷人不学穷无止境，通过学习培训，全体员工慢慢地开始改变固有的思维定式和模式，观念不变原地转，观念一变天地转，我们惊喜地看到德隆团队成长起来了。

德隆是一个充满活力的团队，企业文化氛围红红火火，由于公司客户人脉网络基本上是文化界的文化学者、诗人、作家、书法家、画家、民俗专家、收藏家、摄影家，他们文化层次高，文学修养好，又有文艺青年的情怀，德隆上上下下长期和文人交往，耳濡目染，也就有了文化的气息韵味。从 2009 年开始，我们已连续举办了三届德隆文化艺术节，2015 年 9 月举办的第三届艺术节非常成功，得到大家的赞赏和肯定，各路文化名流的聚集，让我们体会到众人拾柴火焰高的巨大力量，活动既起到了宣传的作用，又大大提升了公司的形象。2015 年 11 月 26 日，德隆为全体员工过感恩节并延伸感恩的意义，员工感恩身边的人和事，现场每个人都热泪盈眶。温暖在每个人心里，只有心怀感恩，生活才能富足！

思考未来

在 2013～2015 年，公司扩能项目、绿色印刷设备升级改造项目获国家扶持资金 90 万元，这得益于国家支持中小微企业发展的各项政策措施，这对企业的发展产生了积极的推动作用。同时德隆也开始向绿色环保方向发展，在德隆未来发展战略中已经制定了一系列措施，比如改进生产工艺、提升设备水平、降低生产能耗等。省级领导对公司的发展也很关心，青海省政协、青海省经信委、青海省财政厅、青海省金融办、生物园区领导专家都曾来现场调研指导工作，青海省报社印刷厂领导也带领干部来车间参观指导并座谈交流。

从现在国家大局来看，政府为民营企业提供了生存和发展的足够空间，提高了民营企业的地位。在企业发展中，各界领导的重视关心、同行的认可、客户的信任，使德隆人可以信心百倍地用尽全力做事，带领团队朝着既定目标前行，使德隆成为一个优秀企业。

与很多企业一样，德隆公司是一步步从小做到大，进而开辟出属于自己的一片新天地的。但是开辟仅仅是个开始，如何守住才是最重要的。我们期待从一个传统型企业转型为真正意义上的文化创意新型企业，忠诚专业产品，忠诚企业客户，忠诚印刷事业，这是德隆人需要坚持的。然而，身处瞬息万变的网络时代，转型创新的起步对我们来讲难以望其项背。创新之路又将是一条怎样的路？

印刷业虽然发源于中国，但是现在中国的印刷业在国际上属于落后水平，发展水平较低，以中小型企业为多，企业没有一定的规模，引进软件又不现实。

我国印刷业伴随国民经济的发展进入深度调整期，发展环境复杂性增多，下滑压力仍然较大。

数字网络化和生态文明建设的发展，对印刷企业提档升级提出了更高的要求，企业面临的压力也加大了。

印刷业点多、线长、面广，发展不平衡，精细化管理水平亟待提高，高技能、高管理人才队伍严重缺乏。

这些特征在德隆的具体表现就是：其一，劳动力成本增加。德隆的管理由于传承事业单位性质，工资一直比其他同行业要略高一筹，加之这几年人员工资不断攀升，造成成本费用上涨。比如一个文化学历不高，却有专业技能的机长，工资水平每月 6500～7500 元，以此类推，技术工人工资也不能低。其二，技术人才难招。过几年装订工人就会断档，再延续几年印刷工人可能也要断档。还有很多优秀的本科生和研究生，都想挤到 IT 行业，不愿意下车间干活儿。有技能的老师傅大部分已退休并在家颐养天年，没有传承，这样就造成企业缺乏人才的境况。其三，税负过高。我们公司为一般纳税人，税率为 17%，进项材料少，意味着抵扣少税率高，大约平均要到 12%。如此一来，利润所剩无几。其四，发展资金匮乏，融资渠道不畅。2012 年我们买了德国原装海德堡设备，融资几百万元，年利息 15%，3 年期，现在已到期，资金压力非常大。其五，传统印刷行业竞争激烈，压价压利，使企业利润下滑，微利情况加剧，而且印刷品价格和成本价值出现倒流现象，希望价位理性回归，符合价值规律。

但是，无论经济怎样下滑，只要有经济活动就有印刷业的存在，印刷需求特别是数码技术、文化创意带来的个性化需求就会持续稳定地上升，因此印刷业还是具有较大的发展潜力的。

德隆的主营业务为印刷图书杂志，在当今时代，电子书、网络书，各种信息眼花缭乱，获得的信息知识碎片化、七零八落、不易吸收。网络阅读时间久了会影响视力和身体健康，不舒服的感觉也会随之出现。正因为如此，未来的书必须设计新颖、色彩美丽、装订独特，像艺术品、收藏品一样精致高档，后道装订工艺设备要创新。印刷业在不断开发新技术，3D打印技术迎来高速发展期，市场发展空间巨大。

现在崇尚小批量、个性化传媒，不久的将来，数码印刷也是趋势，目前要根据成本、客户需求量确认是否引进。包装业通过合版技术连接互联网，实现电商化。"互联网＋印刷"，从概念到实操、由尝试到坚持，直面改革，创业创新，共担风雨，相依前行！

印刷充满了魅力，它使我们的世界五彩缤纷，要把创意变成现实，未来的德隆只有靠实践和探索。前路漫漫，上下求索，不管创新之路多难，我们都要适应新常态，控制成本、提升效率、创造辉煌。2016年，时间依旧残酷、公平地对待每一个人、每一个行业，新的一年不负光阴、不负己。作为印刷人，我们无须为大胆放言的"噪声"所困扰，但对宏观经济和行业发展若隐若现的变革"信号"却须给予足够的重视。只要德隆人能够脚踏实地、审时度势、迎难而上、良性发展，你就会发现这又是挑战困难、坚定向上的一年。

我们诚信、激情地拥抱变化、见证德隆，幸福德隆、美丽德隆不再是遥远的梦！

上海塞奇食品有限公司

创业人物名片：豆方先

青海塞奇食品有限公司创始人

恪守良心做产品　自主创业终不悔

豆方先

　　创业并不是每一个人的选择，而选择创业这条道路的人们的理由也是千奇百怪，有继承父母和家族创业的光荣传统的，也有为了证明自己的价值与能力的，有的创业者是为了追求快乐，也有为了逃避痛苦而创业的，有为了社会责任和家庭责任的，也有为了生存而被迫走上创业道路并为之奋斗的。我是最后一个类型的典型。

　　简单地介绍一下自己，算作我的开场白吧！我叫豆方先，出生在甘肃，工商管理硕士学位，现担任上海塞奇食品有限公司董事长一职。

　　我于1971年10月出生在一个普通家庭，父母亲在家务农。从我迈进小学的大门开始，我的学习成绩就在班上名列前茅。老师让我担任班级小组长，在为班级服务的同时，我也从中体会到了快乐，在老师的谆谆教诲及自己的不懈努力下，小学的几年里常被评选为班级的"三好学生"，这份自信也给我以后的学习生活奠定了坚实的基础。

　　进入初中，我先后担任过课代表、班组长、学习委员、班长等职务。由于在学习上比较认真、上进，时常帮助学习困难的同学，还组织全班在课余时间帮同学做家务等，受到学校老师和同学的一致好评。

　　有首歌唱道：十八岁十八岁，为参军到部队。因为十八岁怀揣着梦想，也由于家庭原因，我离开学校，满腔热血进入了部队，保家卫国。当时有人劝我说，当兵虚度年华、浪费青春，不划算；有人说，当兵收入不高、赚钱不多，不实惠；也有人说，当兵亏了家人、苦了自己，不值得。也许我的性格中有执着的一面吧，不管别人怎么说，我还是坚持要去当兵。时至今日我仍坚信，正是曾经五年的军营生活，才成就了今天的我。

一人当兵，全家光荣。当兵让我拥有了一份全家受惠的政治荣誉，当兵能够培养自身独立生活的能力，衣服、被子脏了得自己洗，每月的工资津贴必须计划好如何花，遇到困难要自己应对处置……军营生活真的很能磨炼一个人的坚强意志，几年下来，我已将自己历练成了一个在任何环境中都能独立生存的人。

当兵即入学，退伍即毕业。与同龄人相比，当过兵的人纪律性强、责任心强，能吃大苦、肯干累活，为人正直、值得信任。

军营是所"大学校"，在部队里我学习了驾驶、炊事、修理、卫生救护等"军地两用"技能，让我掌握一技之长，在服务部队的同时，也为将来走向社会打下坚实的基础。

"生命里有了当兵的历史，一辈子都不会后悔。"无论是浩瀚蓝天的空中卫士，还是驰骋海洋的蓝色水兵，无论是经历过二万五千里长征的老红军，还是在新时期从部队退伍的老兵，当你脱下军装、离开军营，回首往昔，总是会想起第一次紧急集合时的狼狈模样、第一次实弹射击时的尴尬、第一次五公里越野冲过终点线时的欣喜、第一次立功受奖时的兴奋。至今，这些记忆仍历历在目，历久弥新。军营里有欢笑，也有泪水，有成长的烦恼，也有成功的喜悦，正是因为生命中有了当兵的经历，我们的回忆才变得美好和珍贵，正是因为生命中有了当兵的经历，我们才敢自豪地说一辈子都不会感到后悔。

从部队复员后，我参加了生平第一份工作，这家企业主要经营食品。在这家公司里我做过送货员、生产员、生产部班组长、生产部部长、销售经理、销售副总、公司副总等职务。从小职员到公司副总，在这十五年的时间里我吸取了很多宝贵的经验，也积累了人脉，为我今后自己创业打下了坚实的基础。

心中有了梦想，人生就会有追求，我开始走上创业的路。2010年9月18日，我成立了自己的公司。创业并不是每一个人的选择，而选择创业这条道路的理由也是千奇百怪的，有继承父母和家族创业的光荣传统的，也有为了证明自己的自尊和价值与能力的，有的创业者是为了追求快乐，也有为了逃避痛苦而创业的，有为了社会责任和家庭责任的，也有为了生存而被迫走上创业道路并为之奋斗的。我是最后一个类型的典型。

公司成立之初，压力很大、困难很多，远比自己想象中的要困难得多，例如资金不足、人脉不够、经验不足等问题时常困扰着我，但是我并没有因此而放弃。再大的困难都阻止不了我的创业梦想，我坚信"没有比人更高的山，也没有比腿更长的路"。我的命运只能掌握在我的手里，我的命运由我自己做主。

公司刚成立的时候，没有厂房，没有生产车间，没有办公室，加上我不到10个人，我们在第一家店——纸坊街店做生产销售，后厅生产，前厅销售。白天忙忙碌碌，晚上加班加点，把店面当成家是常有的事，刚推出的新品牌，要在产品质量和口感上下功夫，推出的产品一定要深受消费者的喜爱。另外，品种还要丰富，面包、蛋糕、西点都得做，正所谓麻雀虽小，五脏俱全。白天销售产品，晚上做产品调整和工作分析，顾客买了面包并提出了很多宝贵的意见，我们就根据顾客所提出的意见进行产品调整。经过1个月的运营，店面运作逐渐稳定了，第二家、第三家店也慢慢开了起来。大街上手里拎着塞奇面包、蛋糕的人越来越多。塞奇这个品牌也有人知道了，还有了部分回头客。这对我来说是极大的鼓励，也更增加了我对创业的积极性和热情。

公司自成立以来，我把产品质量作为建立企业的核心来抓，在原料采购、制作流程等各个环节，都明确了"岗位职责"和"流程标准"。以为消费者提供"安全、健康的食品"为基本原则，着力打造名牌产品。在企业成立之初，在对公司员工的培训中，始终贯彻"安全第一、质量第一、信誉第一"的三个"第一"原则。我亲自示范、授课讲解，让员工的思想、目标和我在一个频道上，同时加强素质教育。在生产的关键环节，我都是亲自到场，亲力亲为，严格落实质量管理制度，有力地促进了企业全体员工安全质量理念的形成。

随着店面的不断增加，我开始意识到租赁厂房势在必行。仔细掂量：继续做下去，企业必须通过 QS 认证，就意味着要为庞大的厂房、设备优化费用买单，要为严格的食品卫生标准和行业标准买单，要为新的包装、推广费用买单；反之，则意味着非法生产，很快将被淘汰出局。企业经营成本的加大，市场竞争的规范，无不要求中小食品企业必须要有创新科学的经营发展思路。于是我开始找厂房，在东台附近找了一个厂房，办公地点也迁至东台。有了厂房和办公室，工作就慢慢步入了正轨。接下来开发店面、新进设备、研发产品，每开一家店面，需要最少上百万元的资金投入，到后来店面开发到十几家，小厂房无法满足生产需求。2013 年 3 月，我在城北区经济开发区租了一间 2000 多平方米的厂房，共四层，一层是库房，二层、三层是生产车间，四层是办公室。从此，公司发展又上了一个新台阶。

2015 年 4 月，我在创业孵化基地买了一块地，打算扩大厂房面积。现代企业的发展离不开管理，而要管理好一个企业，科学的管理方法与态度是关键环节。我在企业发展的过程中，始终以科学管理为手段，促进了企业健康、快速的发展。

我针对企业的特点，制定了一系列的管理制度，在落实中不断完善、不断改进，逐步形成了符合企业特色和岗位特点的科学化管理制度。在制定和完善过程中，也有迷茫的时期，于是我又外聘高级企业顾问，对企业现存的问题进行剖析，不断完善。对中高层领导进行月考核，明确工作目标并加强他们的责任心，让员工和企业一同成长进步。

公司成立以来，我始终把承担社会责任当作自己应尽的义务，大力倡导"感恩社会，奉献社会"的思想，带领全体员工尽最大的能力帮扶困难群众，感恩社会，奉献社会。对社会的弱势群体、特困职工、困难学生进行帮扶资助。2012 年 5 月，"情系学龄前儿童"活动中塞奇西饼向城北区幼儿园捐赠了部分图书、玩教具及幼儿园设备；2013 年 9 月 14 日，西海都市报和塞奇西饼店联合举办的"温暖中秋"公益活动启动，5 天时间里，塞奇西饼给环卫工人、一线交警、社区贫困居民、社会福利院的老人孩子们和贫困小学生捐赠了价值 8 万余元产品，送去了对一线工作人员和贫困居民、留守儿童及福利院的慰问和祝福；2013 年 9 月，西宁市百姓舞台栏目组在大堡子乡趣园搞文化活动，塞奇西饼提供了赞助；2013 年 10 月，塞奇西饼为城北区敬老院老人举办关爱活动；2014 年 5 月，塞奇西饼为城北区大堡子乡残疾人举办关爱活动；2015 年 5 月，携手西海都市报举办了"感恩母亲，最美母亲"活动。

在公司经营过程中，以科技创新为突破口，我聘请了相关行业内的专家，不断创新开发满足消费者需求的产品，比如杂粮健康类，法式、丹麦类产品，都深受消费者的喜爱。公司今后还将向全国知名企业及个人学习，同时多与食品协会交流技术。另外，派公司的研发技术人员去上海、北京、韩国等地方参观学习交流，使我们的技术、管理跟上时代的步伐和公司发展的需求。

当前，中国经济正处于从投资驱动型向消费驱动型转变的时期，国民经济在新常态下保持平稳增长，第三产业占比不断提升，大众化市场表现强劲，食品行业充满发展潜力和机遇。消费转型、需求升级、竞争加剧、人力成本攀升，成为我们共同面对的问题，产品创新、经营管理模式创新势在必行。

据业内相关专家预估，目前仅食品安全人才的缺口就已经高达 80 万人。虽然食品工业毕业生数量庞大，但食品专业人才却难招，而营业员、生产学徒等初级岗位，求职者不愿意去，因此才会出现食品行业招工难的问题。而对那些食品工业的毕业生来说，当前就业形势依然严峻，求职者不妨根据周围实际情况，先从基层做起。

　　当下市场竞争异常激烈，企业不创新就会面临淘汰的风险。面对市场食品的创新，就是要敢于放下架子，端正姿态，勇于尝试新鲜事物。2015年4月，我决定投入资金3000万元，进军甘肃省，并邀请上海著名的设计公司为甘肃公司打造全新的塞奇形象徽标。邀请行业顶尖大师全新打造符合甘肃市场的产品。甘肃厂房坐落于兰州市城关区九洲主食厨房C区四栋，甘肃第一家塞奇总店坐落于兰州市商业繁华地段永昌路，面积176平方米。这是一家主题店，无论是装修风格还是售卖的产品，都能给人一种耳目一新的感觉。形，我们可以模仿也可能被模仿，但质的突破在于我们加强内功修炼。我们邀请知名培训公司对普通员工到管理人员进行岗前培训、演练。永昌路店于2015年8月1日开业，一炮打响。全城人民的欢迎坚定了我一定要做好甘肃市场的信心。随后第二家和平人家店、第三家甘南路店、第四家雁滩店、第五家瑞德摩尔店相继开业，接下来公司将会在七里河区、安宁区、西固区等区域开设分店，将"安全、健康、美味"的食品带到千家万户。

　　我将青海公司交给妻子管理，把精力放在甘肃公司的发展上，我的妻子无论在生活上，还是在事业上，都是我最坚强的后盾。我觉得，无论男人的创业是成功还是失败，是对还是错，男人都需要女人全力的支持与鼓励，尤其是在逆境中，夫妻该目标统一、思想统一、行动统一。女人创业并不比男人差，这一点在我妻子身上体现得淋漓尽致。很多我没想到的问题我妻子想到了，很多我做不到的事情我妻子做到了，她的种种表现让我刮目相看，她做生意的头脑并不逊于我，所以我的事业如日中天，我创业各个阶段的成功都离不开我的妻子。

　　甘肃塞奇食品公司，发扬上海塞奇食品的优良传统，坚持严格的生产制度、良好的售后服务，牢固树立"民以食为天，食以诚为先"的企业理念，相信经过我们的不懈努力，必将为兰州市民奉献琳琅满目的塞奇食品，为加速提高兰州市民的物质文化生活做出应有的贡献。

宇昂科技董事长

创业人物名片：王宇

上海同济大学有机合成硕士

上海大学博士、材料与工程学研究生导师

水溶性高分子 PVP 国标撰写人

中国功能高分子行业协作组副秘书长

全国功能高分子行业委员会秘书长

专家委员会副主任专家委员

曾获"上海青年十大创业先锋"、"创业中国年度创新人物"、"科技部创新人才推进计划创业人才"、"新楚商十大杰出人物"

有了大的情怀　就会飞得更高

王宇

　　一个人要想好做什么，要是只想挣钱，就不一定要做企业，但是一个人有情怀、有大的格局，那就可以创业，创业的人天生就有当老板的资质，创业之前要先想好适不适合创业，能不能创业，创业要紧跟时代的潮流，要是能够在未来发展很好的行业中创业的话会更好。

　　我出生在湖北襄阳，父母是部队军工厂的。大学毕业后我回到了军工厂，当时军工厂有纪律，本厂子弟只允许在这个厂上班，所以就回去了。

　　学习是人生进步的阶梯，唯有学习才能使自己走得更高、更远。大学毕业后，到上海考研，结果留在了上海。我大学读的是同济大学的化学硕士，为了学到更多的东西，我又在上海大学读博士，在上海交大安泰学院读 EMBA，自我感觉学习经历还是蛮丰富的。

　　2005 年，我开始创业。2004 年从同济大学毕业时，与一帮师兄弟到国外去，2005 年初我从美国回来，当时是想去斯坦福读书，但是后来我几个师弟都在美国，我却回国了，原因有以下三点：第一，如果在美国花了 5 年时间硕博连读，只能当个工程师或者当个老师，基本没有别的出路。第二，10 年前美国对中国教育有偏见，他们不认可中国的硕士学位，要到美国重新读，我认为这个逻辑是很荒谬的。第三，当时我已经在水溶性高分子研究和开发方面有了一定的基础，和美国的企业相比也有一定的优势，我觉得没必要在那边委曲求全。所以我决定回国创业，成立了宇昂科技公司。

我们公司做的水溶性高分子是一种特殊的可以溶于水的高分子材料，它本身最大的特点是无毒无害，绿色环保，而且可以自然降解，能够替代已有的有污染的材料，如石油化学衍生物，同时能够治理它们的污染，所以说是非常好的新材料。目前在欧洲、美国、日本都有广泛的应用，被当作一种主流。但是在中国才刚刚兴起。在20世纪90年代的时候大家都还不知道，到现在为止还是星星之火，但是已经步入一个快速发展阶段。目前全国有200多家企事业单位在做这个项目，由我们行业协会在统一管理。

在创业之初我就许下了一个愿景：要做中国水溶性高分子的航母，立志要与德国的巴斯夫、美国的 ISP 同台竞争，到目前为止，这个梦想已经实现了一半。

水溶性高分子的应用领域，在于替代现在已有的一些化学材料，高分子材料的产品，用在药里面有很多作用。首先，在血浆扩容器方面，我举个例子："二战"的时候，德国人发明了人造血浆，在战场上没有，要是血流光了就死掉了，而当时血浆很少，基本没有血浆，当时一个科学家发明了水溶性高分子，是我们这个领域的创始人，人做手术，流了很多的血，就把人造血浆灌进去，盟军没有这个技术，就会死很多人，在战争中失去先机。其次，在医院领域，以前是使用人造血浆，现在，因为人造血浆太老了而被淘汰了，现在是药物的缓释性，正常药物一天吃三次，一次吃三片，加入药物缓释作用以后，可能一个星期只需要吃一次或者一天吃一片，这是因为在药物中加了缓释剂，减慢药物的释放速度，这样就可以用很小的量起到该起的作用，对整体没有毒害。还有一个是肿瘤，肿瘤患者需要进行一些药物化疗，对人的损伤很大，一般人都受不了。我们发明了一种方法，可以控制药片在人体中释放的速度、时间和地点，比如得了胃癌，有一种药就可以直接抵达胃的位置，在病灶的地方释放，对别的地方没有损害，这样就可以达到精准的治疗，其中一个很重要的材料就是水溶性高分子。还有，在常规的医院，人受伤都用碘酒消毒，在国外这些产品已经不用了，现在用的就是我们的一种产品，这种产品没有酒精，没有刺激作用，同时还可以修复。最后，在化妆品领域，女士对化妆品比较感兴趣，我们现在也有自己的化妆品了。女士对于化妆品的要求都有保水锁水，保水因子、锁水因子就都是水溶性高分子，为了保密，都不直接说有什么成分，韩国的蜗牛霜，成分也是水溶性高分子，还有摩斯的柔顺因子，面膜也是。我们现在自己做的面膜也是水溶性高分子，优点就是人抹在脸上不会产生化学反应，不会有黄褐斑、副作用，水一洗就掉，肌肤感觉很清爽。现在，在欧美、亚太、中东、非洲、大洋洲都有我们的客户。

当年别人可能都觉得我是痴人说梦，是个疯子，因为学化学的人基本上都知道巴斯夫的地位，它是一个帝国，地位是不可撼动的。但是我当年就是有种宏愿，因为我是站在巨人的肩膀上，我们有个行业协会的平台支撑。同时中国不可能永远只做别人低端产品的接受者，为什么不能创造一些高端产品在全球竞争？所以我的立意非常深远，我坚信自己是对的，尽管路程非常坎坷艰辛，也非常痛苦。

当年我们没有做水溶性高分子PVP的时候，巴斯夫在中国一公斤可能卖几百元，而且质量特别差，后来我们的产品进入之后就逼迫他们不断降价，逼迫他们不断提高质量，逼迫他们把中国市场当作重要市场，而不是可有可无的倾销市场，我们觉得由于宇昂的努力，我们做到了该产品在中国市场的公平竞争。

现在每年我都要在上海召开国际学术研讨会、水溶性高分子的展会，德国的巴斯夫、美国的ISP、法国的爱森、日本的三菱三井，以及韩国的很多企业都要参加。这是为什么呢？因为他们已经感受到中国水溶性高分子行业的力量，感受到中国的声音，由以前的轻视变成了敬重。

我们公司还有一些中端产品，如消毒液、宝宝洗手液、果蔬清洗液，市场上很多同类产品还是有化学成分在里面，我们完全是纯天然的。

创业都是九死一生的，刚开始创业的时候一分钱都没有，现在资金已经没有问题了，各方面也都步入正轨了。一是我们自己做的东西企业都比较认可。二是我们是上海的高科技企业，是新三板上市的企业，也是商家公认最有潜力的企业，荣誉比较多，银行对我们比较信赖，授信额度大概在2000万元左右，现在投资者对我们也比较追捧。三是人才问题，现在的大学里没有水溶性高分子这个专业，所以我们现在招不到专门的人才，只有重新培养，我们招了一些化学或者应用化学的学生进入我们公司，至少要10年以上的基本功，这就是我们行业门槛比较高的原因，现在也在做推广，让更多的年轻人加入我们，还有一个就是外部的人进入公司进行培养，现在人才的问题也差不多解决了。

操作碰到一些问题，产品出口海关的编码不对，我们本来是高科技企业，是高新技术产品，退税要退17%，但是却被归成了橡胶这种污染性的产品，净利润少了12%，这对企业来说是一个非常大的打击，我现在正从各个方面解决这个事情，但是时间会比较长。还有，我们企业有雄心壮志要制定国家标准，我们花了五六百万元，国家大概补助了三四百万元，但是都没有下来，因为企业走在了政策的前面，还没有来得及进行更新，上海这边政府已经很帮忙了，由于我们企业具有世界性的眼光，所以迈的步子比较大，政策还没有跟上，我们迫切地希望国家的政策尽快进行更新。

现在很多行业都是跟着国外在做，很少有进行创新的，我现在做这个行业，也有看到国外的成果，但是我并不担心，国外有高科技，我们现在也在发展，并不会比他们差很多。

我们有几件算是做得比较成功的事情，我把我的国标工作做成了，不是代表我的企业，是代表整个行业，甚至是国家，我们跟国外竞争时，他们有时候用的是美国标准USP、欧洲标准EP、英国标准BP、日本标准JP，但是没有中国的国标CP。没有国标我们就受别人欺负，也就是说一个产品的好坏是有标准规定的，标准认为A好，那就是A好，认为B好，那就是B好。但是像欧美产品有些方面好，有些方面也不好，他们做得不好就把标准放得特别宽松。但是我们由于自主知识产权的问题，不能用他们的工厂生产，只能用我们的工厂生产，但是我们的指标和他们不一样，所以由于标准规定，造成了竞争的不平等。现在我们有自己的标准了，也就有了话语权。有了国标就像有了国徽，我们制定国标引起国际竞争对手从刚开始的不解、轻视、恐慌到现在敬佩，主动想参与。我相信过不了多久，我们国家领导层面也会意识到国家标准的重要性。目前我们的产品远销全球50多个国家，基本天天和国外"打仗"，"打仗"的时候标准非常关键。国外一听说企业推出国标，马上就对你非常敬重。这个时候谈判就非常顺利，这是一个潜在的利好。

我们公司虽然很小，但是挂牌创业板，另外，我们觉得企业的定位决定地位，所以我们旗帜鲜明地提出了我们要具有全球的视野、行业的话语权、核心竞争力，与全球最厉害的竞争对手同台PK，这是我们宇昂科技的志向，目前为止基本都实现了。

我们企业高精尖在应用领域、医药领域，我们的客户有诺华、雅培、帝斯曼、葛兰素、辉瑞；化妆品领域有韩国的LG，日本的高丝、资生堂，美国的倩碧、陶氏，法国的欧莱雅。国内的合作伙伴基本是上市企业，从客户群分布可以看出企业地位的高低，目前我们在这方面还是比较有实力的。另外，我们的应用领域是七大战略新兴产业中的三个，这些领域行业导向也比较好。我们的竞争对手是国外两大巨头，跟他们同台竞争也就证明了自身的实力。

中国环保问题越来越严重，那么我们这个领域就会越来越好。所以我们在行业的春天还没到来的时候就抢先布局，抢先制定国家标准，建立行业协会，建立国家级的产学研联盟以及研发中心，抢先制定游戏规则。我相信春风吹来的时候，宇昂一定会飞上天。我们本来就是一只鸟，遇上春风我们会飞得更高，我们要做一只雄鹰，这是我们的抱负。尽管我们现在有很多困难，但是我们一定会努力。

一个人要想好做什么，要是只是想挣钱，就不一定要做企业，但是一个人有情怀，有大的格局，那就可以创业，创业的人天生就有当老板的资质，创业之前要先想好适不适合创业，能不能创业，创业要紧跟时代的潮流，要是能够在未来发展很好的行业中创业的话会更好。另外，要把团队做好，要能留住人，不要只找亲戚朋友，进行好的招聘会构成好的组织架构；合伙人选择一定要有度的把握，一方面是自身有魅力去吸引他们，另一方面就是要有足够的话语权去领导他们。

河北点典电子商务有限公司

创业人物名片：张磊

河北百蔬园农产品贸易有限公司创始人

邯郸心美种植有限公司董事长

2014 年被河北省人社厅聘为"河北省就业创业指导专家"

2015 年被邯郸市政府评为"邯郸市十大创业明星"

懂得感恩　勇于追梦

张磊

他曾是父母长辈眼中的"皮孩子"，也曾是在冰天雪地中淬炼筋骨与毅力的战士。他是合作伙伴眼中念头层出不穷的"智囊"，也是员工眼中干练果断的决策者。

如今，他的生鲜健康连锁超市开遍邯郸，近30家有机蔬菜种植基地为其供货。作为复转军人创业典型代表，他是很多人眼中的成功人士。但一路走来，他并非一帆风顺。今天的每一分成绩，都浸透了他的心血和汗水。

选定目标，坚持下去，是他在创业过程中一直秉持的态度，也是他给创业后来者的忠言。

俗话说，十年磨一剑，今年已经是我创业的第十个年头，从怀揣创业梦想，到现在公司规模一天天壮大，回想起来，追梦探索、忙碌失落、激情拼搏、成长收获，各种滋味涌上心头。

第一次创业失败

创业，要有一颗不安分的心！我从小就有些"不安分"，上高中的时候就想着创业，想着自己做点事情，我曾经跟父母较劲，不愿意去上大学，不愿意当兵，不愿意接受父母给我安排指引的人生轨迹，当年还是让父亲踢了一脚，才去读了卫校。2005年，我从部队复原回来，没有好好地去找一份安稳的工作，而是开始了第一次创业，和朋友合伙成立健康管理公司，因为对市场把握不准，缺乏管理经验，团队配合不够等原因，我的第一次创业以失败告终，朋友也解散分离，创业不只是一腔热血就能做成的事，我第一次尝到了创业的艰辛和苦涩。

创业再起航

创业，要善于发现项目，敢于坚持！有些人总是觉得什么都不好干，而我要说，成功永远是留给有准备的人。这次我的创业项目是"宜家宜厨"，我是学医出身，在创业初期，我较为关注健康卫生。2009年，用做广告业务赚来的一点钱和几个朋友合伙成立了一家健康管理公司，专门针对成功人士提供健康服务。另外，只需一个电话，由专业营养师、足疗师、理疗师组成的"健康服务小队"就会上门为顾客服务。

公司成立后，由于有客户资源，再加上新颖的服务理念，公司的业务很快步上正轨，并且发展迅速，几个月的时间就吸收了100多位会员，收入近200万元。但是好景不长，由于"健康服务"成本并不低又不能"垄断"经营，客户发现自己不用经过公司就可以直接联系专业技师提供服务，还能省下一笔会员费。公司的业务很快开始下滑，到9月的时候已经无法支撑。几个股东聚在一起，开始谋求新的出路。

随着经济社会的和谐发展，老百姓对健康、卫生、生活品质要求越来越高，所以，我把创业的关注点放在了老百姓的餐桌上。以前在跟朋友聚会时，大家聊到，如今的食品安全问题非常让人担忧，蔬菜农药大量残留、食品里添加大量化学添加剂。学医的敏感和从事健康管理的经验让我意识到，绿色健康的生鲜行业将会是一个很有发展空间的新领域。

生鲜销售，其实就是"卖菜"。甚至父母也觉得"卖菜"是农民进城做的事，你做点啥不好非干这个？但我认定自己看准的这条路是正确的，没有人和我一起做，那就自己来做！

决定了方向，就大步行进

因为上次的创业失败，我在市场调研上下了很大的功夫，用了近两个月的时间进行市场调研，我发现本地的生鲜市场有很多机会点：农民卖菜难，老百姓买菜贵，农民卖菜渠道少与老百姓买菜价格较高的供需对接问题；农民种植蔬菜往往是跟风，看到什么好卖就一窝蜂地种什么，导致种植结构不合理，无法满足消费者的多样化需求；而在终端销售中，更是存在着缺斤短两，产品质量堪忧等各种问题；家门口没有菜店，很多老人买菜要走很远的路，非常不方便。

这些调查结果使我觉得，"卖菜"并不是简简单单的批发零售，它里面蕴藏着无限商机。但是，如何发掘这块宝藏，如何做才能形成一个完整的生鲜销售体系，组成一个完整的链条，我一时还想不明白。

2010年4月，第一家"家门口宜家宜厨"生鲜健康超市开业了。超市位于邯郸市农林路邯钢生活区院内。说是超市，其实只有53平方米，我和妻子既是管理者又是员工。每天早上5点多，我和妻子就骑车赶到地铁市场，让妻子在那里进货，自己则骑车赶回店里接收别的生鲜货物，然后再回到地铁市场，和妻子一起把菜运回店里。两人一起手脚麻利地将进回来的生鲜货物分门别类收拾摆放后，将店里收拾干净，开门迎接顾客的到来。

一直到晚上八九点钟才关门，因为我们服务热情、价格便宜，很快得到了小区居民的认可。经营一段时间下来门店的生意非常好，虽然我们也非常辛苦，但辛苦并快乐着！

第一家店的成功给了我很大的信心。2011 年 1 月我的第二家"家门口"生鲜连锁店开业了，起初生意同样非常好。但困难和问题还是有的，从一家小店逐步扩大到若干家店存在着前期无法预料的成本、管理、财务等多方面的问题，那一年，亏损了二十几万元。这次虽然亏损了，但我始终坚信这个行业是能做大做强的，我相信通过我的学习和改善经营管理，我的"生鲜超市"一定会成功。

我要感谢政府的雪中送炭，让我在最困难的时候，继续坚持了我的创业梦想。2012 年初，在市就业局的帮助下，我拿到了政府的 10 万元贴息贷款，虽然只是 10 万元，但是一下盘活了我的连锁门店。随后，我的创业路程开始走上快车道，同年 7 月，与邯郸市供销社合作投资 500 万元，成立了"河北百蔬园农产品贸易有限公司"，设立了采购部、销售部、信息部、配送中心、财务部及"宜家宜厨"生鲜连锁超市。坚持"立足三农、直采惠农、直销便民"的服务宗旨，建立了"基地＋连锁配送＋社区直销超市"的新型一体化发展模式，打造了可追溯的安全体系，配备了蔬菜检测仪器，实现了挑拣、分类、清洗消毒分级包装一体化的经营管理。"宜家宜厨"直销超市一头连接蔬菜专业合作社直采惠农，另一头深入社区直销便民，实现了农超对接，平抑了菜价，方便了群众，"宜家宜厨"成了老百姓心中新鲜、便利、健康、安全的品牌店。

在市委市政府"大众创业、万众创新"的号召下，我们提出了依托"互联网＋"，推动"大物移云"（大数据、物联网、移动互联网、云计算）新时代新技术，创新"宜家宜厨"发展模式。成立了河北点典电子商务有限公司，推出了以便民、惠民为基础的"智慧社区管家"社区服务模式，通过搭建农产品信息发布及大宗交易的平台，依托移动互联网、大数据整合农产品生产基地、配送中心和线下实体店，连通线上线下的服务，优化产业链，实现从基地到消费者的无缝连接和农产品信息对外共享，帮助农民实现农产品产销对接，为城市市民提供新鲜直达的农产品。目前，项目已经上线运营，我对公司的未来充满了信心。我们将采取"连锁店＋互联网"的模式，用2年时间实现主城区超过1000户的社区全覆盖，5年内实现全市行政村全覆盖，营业收入翻5番，帮助农民朋友扩大农产品销售渠道，让他们致富增收，在邯郸这片热土上，享受到"宜家宜厨"提供的物美价廉、健康绿色的产品。

梦想在感恩中永不止步

创业要懂得感恩，勇于追梦！现在邯郸有"宜家宜厨"生鲜连锁超市25家，大宗客户近30家，月营业额220万元，带动80余人就业。企业连续3年被市政府评为"邯郸市人民政府惠民工程"。2014年8月，我被评为2014年河北省就业创业典型。

创业的路上，我想说的是感恩，如果不是当年父母逼着我去读了大学，我就没有知识的积累；如果不是去参军，我也不能锻炼出不怕吃苦、坚持不懈的作风；如果不是政府在最关键的时刻雪中送炭，我的创业不会坚持到现在；如果没有第一次的失败教训，我也不会在第二次创业的时候一举成功。

倡导有机是一种现代的生活理念。但是在实施过程中，也遇到了一些问题。消费者认为品种太少、价格太贵；生产者对此则说种植艰难、消费者接受度低。在实际运作中，各种困难都存在，例如：配送环节物流成本高，建设冷链投资太大，对第三方物流配送不放心，加之普及程度不够，订单销量上不去，蔬菜上餐桌"最后一公里"成制约瓶颈。

另外，阻碍发展的原因主要有以下三点：一是农产品本身利润低，盈利少；二是从蔬菜生产到后期运送，主要还是靠人力解决，增加了产品成本；三是生态农业门槛低，市场还需要规范。有机蔬菜只有走市场路线，才能确保产品从生产到销售正常进行，我想以后要做好以下两点：首先，生产者和市场应该做好对接工作，只有把生产和市场结合起来，才能了解目前市场的需求，知道在哪个季节哪个地点哪种农产品的需求量大、利润高，不会出现农产品滞销等问题。其次，很多消费者比较认可绿色有机蔬菜，这是生态"宜家宜厨"得天独厚的发展优势，生产者应该扩大优势，促进品牌宣传，提高消费者的购买欲望。

创业是艰辛的，创业也是快乐的。我相信，在市委市政府的正确引导下，在各级政府领导的关怀下，通过我们的努力，会把企业经营得更好、走得更远，把生鲜产业做到一个更高的高度。希望"宜家宜厨"能够走出邯郸，走向全国，成为老百姓最信赖的健康品牌，为社会发展做出一份努力和贡献！也希望所有有创业意愿的朋友，大胆踏上创业之路，在党和政府的带领下，去创出一片天地，成就一番事业！

无锡迈科传感科技有限公司创始人

创业人物名片：付艳彬

只要有梦想　一切皆可能

付艳彬

从决心创业一路走来，比同龄人经历了更多的事情，最大的感触就是无锡是一个适合创业的好地方，各级主管部门为创业者营造了很好的环境和氛围，我们也有幸在这里起步、成长。

2010年8月，我考入无锡科技职业学院电子工程系，除了完成正常的学习，还积极跟老师到实验室做项目，那段时间，几乎每天我都是待在实验室的，从电路设计、绘图到焊接测试，一遍遍不厌其烦地练习。经过锻炼，我在硬件电路设计和手工焊接方面打下了良好的基础，获"2012年江苏省大学生电子设计大赛"二等奖、"2012全国职业院校学生作品评比"二等奖等多项荣誉。

毕业后，我先后在无锡多家公司工作。在工作中，虚心向有经验的工程师请教，同时努力学习Altium Designer多层板绘制技术、电磁兼容性设计等电路设计中的关键技术，综合水平得到提高，同时更加明确了今后的发展方向，在MEMS产品设计方面积累了一定经验。

经过实习和工作近两年时间的锻炼，在技术、销售等各方面积累了一定的资源后，我开始进行创业方面的筹划，选择"MEMS姿态检测控制"类传感器作为创业的方向。我自身研究硬件，同时又找来软件开发和行政工作的合作伙伴，外聘了会计，一个团队的基本框架搭建起来，这个团队中既有分工，又有合作，朝着同一个目标前进。

公司创立于 2014 年 8 月，命名为迈科传感科技有限公司，意思就是大步迈进科学的领域。主要从事倾角传感器、倾角开关、电子罗盘等姿态角度类传感器的设计、制造和销售，产品可广泛应用于工程与农用机械、仪器仪表、土木工程、船舶、石油工程、航空航天、工业自动化、卫星天线定位、平台运转监控、地质勘探、四轮定位系统等领域。

公司成立以来，在无锡市大创办、无锡新区传感网大学科技园等多方支持下，团队奋力拼搏，创新发展，在主要业务领域已申请多项专利技术，与中国兵器装备集团、富士康（山西）股份有限公司、辽宁省交通设计院、新加坡 NEXWAH、清华大学等多家单位建立了良好的合作关系。公司还荣获了 2014 年江苏省优秀创业项目，2014 年无锡市"东方硅谷"创业大赛二等奖等多项荣誉。

创业感悟

从决心创业一路走来，比同龄人经历了更多的事情，最大的感触就是无锡是一个适合创业的好地方，各级主管部门为创业者营造了很好的环境和氛围，我们也有幸在这里起步、成长。

（一）创业需要一个系统性环境

创业不易，如果在初创时期，能有一个良好的环境，创业成功的概率就会变大。目前国内，尤其是在无锡市，各项创业政策及创业环境非常好。无锡市还在各个区建立大学生创业园，对大学生创业给予全方位、系统性的扶持。我们就是受益者，无锡市大创办和新区传感网大学科技园协助我们申请场地、完成注册、申请开业补贴、申请各类资助。其中江苏省资助 10 万元，无锡市资助 10 万元（目前已到账

3.5 万元），对我们的发展起到了重要的作用。

（二）创业需要一定的积累

创业绝不是一时冲动做出的决定，而是经过深思熟虑后的选择。要下这个决心，我觉得至少得有一定的基础：一是技术的积累，二是资源的积累，三是生活经验的积累。技术是能够在某一领域立足的根本，在倾角传感器、电子罗盘领域，我们有多项技术在国内处于领先地位。资源包括人脉资源、市场资源等，对这一行的情况比较熟悉后再去做，做好的概率也就会大很多。随着年龄的增长，生活阅历逐渐丰富，成熟的心态和处事方式，对创业也是大有裨益的。

（三）创业团队的统一性

《中国合伙人》是一部很不错的电影，其中揭示了一个很能代表国情的问题，就是很多公司成立初期，创业团队气氛融洽，团队成员相处愉快，但是随着公司的发展，各种分歧出现，最终导致不欢而散。我们在创业初期就开始思考这方面的问题，如何做才能保持团队的统一，能够长久做下去，而不是做一段时间散伙了。我们在这方面下了很大的功夫，潜心学习了马云团队的管理经验、华为公司的管理经验等，到目前为止，团队的氛围保持得较好，我们把这个视为我们最为宝贵的资源。

面临的困难和几点建议

目前国内各个层面鼓励"大众创新、万众创业"，出台各项政策进行扶持，形成了良好的创业环境和氛围，这些好的政策如何能够落地，真真正正为创业者创造福利，我结合自身实际，提出两点建议。当然，这些建议实现有一定难度，可能短期内难以实现，但是从一个创业者的角度讲，希望各级管理者能够考虑。

（一）对于大学生创业的，建议前3年免税

我们团队从2014年8月注册公司，发展到今天，在各级主管部门的支持下，总体情况发展良好，但是感觉税务压力较大。

首先是对于大学生创业来说，赋税较重。按我们公司现在的发展情况，一年缴税6万元左右，缴税是从净利润中扣除的，所以感觉这笔支出压力较大。其次是税务手续烦琐。举两个例子说明，针对大学生创业，有税务优惠政策，但是我们从来没享受过，究其原因就在于手续太烦琐了，得花很多时间和精力去研究政策，还得花很多时间和精力去进行层层申报，即便最终能减免些，但是得不偿失，投入产出比太低，创业初期事务繁多，真没有时间和精力去做这个事请。另外，我们是小规模纳税企业，自己可以开具普票，有客户要求开增票的话，可以到国税局代开3%的增值税专用发票，每次做这个事时都很头疼。首先要进行网上申请，税务局的网站有时瘫痪、有时升级，总之这个申请经常会有麻烦。申请下来后，到国税局去代开，我有一次过去，30多人在排队，两三个小时就耗在这里。在代开过程中，金额小了不愿给开，每月25日以后不愿给开，又是各种麻烦，即便给开了，分两次缴费，一笔从公账扣除，另一笔交给银行，交给银行的有时还有几角几分的，总之，整个过程确实挺麻烦的。我们是去交钱给税务局，还要经过复杂的手续，甚至有时还要看人脸色，这种制度真的让人有点想不通。

所以，针对这个情况，我个人认为最好的解决办法就是前3年免税。在学习《经济学》的时候，对于缴税有一个形象的比喻，缴税就像拔鹅毛，国家想尽可能多拔，但是又要控制好鹅的正常成长，以便于能够长期拔。大学生创业也是类似情况，现在这样真不如实行前3年免税，一是减轻创业初期的经济压力，二是省去创业初期缴税的麻烦，以便于创业者集中精力做好工作。等3年以后，这家企业走上正轨，初具规模了，这个时候再去收税，企业也有能力去承担了。

如果这一条能够实现，比其他各种扶持、优惠、减免政策都要实用，更接地气，更符合创业者的实际需要。

（二）建议支付宝可以进行公账转账

在公司的运营中，涉及个人业务方面，无论买与卖，我们都是通过支付宝转账，安全、便捷、高效，从没出过任何差错，非常好用。

但是涉及公账转账，目前只能通过银行办理，银行转账汇款手续烦琐、效率低。

比如公账转账，无锡市的业务填一张单子，而市外的业务则要填另外一张单子，且单子上不能有一点涂改。

再如，有一次客户给我们打款，客户把"无锡迈科传感科技有限公司"误写成"无锡市迈科传感科技有限公司"，仅仅多写了一个"市"，就导致不能到账，银行又没有提醒功能，虽然是一件不大的事，但给我们带来了不小的麻烦，查了很长时间，费了很大劲才处理好。

信息技术发展的高度和银行落后的工作方式之间存在巨大的落差，对财务人员的高要求和大学生初创期需一人多职之间存在巨大的落差，而这些矛盾其实并不难解决。如果国家允许支付宝进行公账转账，以上的问题立即迎刃而解。公账之间的转账跟个人用户转账一样方便，将会给初创企业带来极大的便利，有力地促进初创企业的快速发展。至于安全性和责任性方面完全可以通过相应的制度管控实现，在技术层面不存在任何问题。这样做的难点在于会侵害到银行的利益，就像余额宝的推出使得银行活期存款大幅下降一样。但是这一行为确实可以为企业，尤其是初创企业带来切切实实的好处。

江苏省无锡铭鑫模具有限公司创始人

创业人物名片：华潇宇

超越梦想　追求未来

华潇宇

我相信，各行各业多多少少会有一点交集，多多少少会有一些互通。我们可以做到内部消化一部分，可以让我们手头的资源进行共享，甚至于想能否在政府的促成下，建立一个大学生创业社区，定期将大家聚在一起，诉说一下自己现阶段的情况，提出一些自己面临的困难。或者也可以从这个社区中，寻觅到一些机遇。

我叫华潇宇，生于1990年，有很多人认为这是一个比较尴尬的出生时间。从这一年开始，接下去的9年里，所有出生的孩子都被归类为一个并不是特别褒义的群体——"90后"！我们时常被冠以张扬、任性等词汇。但我觉得，那并不是我，我庆幸自己是一名"90后"。

假如现在有人这样问我："你为什么要创业？"我脑海里掠过的是过去几年来各种酸甜苦辣的过程。

2008年，在中国是一个值得永远记住的年份。因为第29届奥林匹克运动会在中华人民共和国首都北京举办。对于我来说，也是非常重要的一年。因为，在那年我迎来了人生中的第一个转折点——高考！然而，当中国在如火如荼地举办奥运会的时候，当全国人民沉浸在欢乐的气氛中的时候，我却非常的失落，因为我高考分数并不理想。对于一个从小学至高中，就读于省重点学校的学生来说，一个南京的三类本科，显然是不会让自己满意的，或许从那个时候起，我就定下了自主创业的基调。

时光飞逝，岁月荏苒。一眨眼的工夫，四年的时间过去了。2012年6月，我毕业了。带着激动，带着不舍，离开这个留下四年青春韶华、充满着美好回忆的校园，踏上社会。2012年6月，我开始了3个多月的找工作之旅。我依稀记得，那一年的毕业生正好赶上了就业压力空前巨大的情形。工作特别难找，对于一个三类本科毕业的人，处于一个特别尴尬的境况。高端大气的岗位，看不起我们的文凭。普普通通的岗位，薪酬实在是低得可怜。再加上在大学校园中学习到的专业知识，似乎与社会所需求的技能存在着不小的差距。你去任何单位都必须从头开始、重新学习、重新培训。这点让我特别失落，有时也质问自己：大学的四年时光真正学到有用的知识能有多少？

刚刚踏上社会，社会就用自己的方式，给了我一记响亮的耳光，一下子把我打得眼冒金星。三个月里，我从一开始，寻找和专业对口的工作，到几次碰壁之后，渐渐地变成了只要薪酬合适，不管专业是否对口的工作，也不管这个行业是否是我愿意从事的行业，都进入了我考虑的范畴。三个月的时间里，像我一样的求职者中，很多人选择妥协。我的好多同学都渐渐明白，这就是社会，一个三类本科的学位证书、毕业证书证明你不能用人才来形容。社会只承认你是一个普普通通的劳动力。所以，同学们不得不妥协，或者成为了民工，或者成为了售楼小姐，或者成为了工厂的学徒工，其实更多的人是先生存后寻求再发展的。

难道这就是我想要的吗？难道这就是16年寒窗苦读，应该面对的吗？大浪淘沙，精英永远都只是那么一小部分。而大多数人，都是工作去选择你，而不是你去选择工作。这也没办法，对于一个小小的个体来说，你改变不了社会对人才的认知。你只能去适应，适应社会对应届毕业生的初步能力判断——文凭是否过硬。到底是北大、清华、复旦，还是各种名字拗口的杂牌大学。对于一个小小的应届毕业生来说，你不得不妥协，不得不去为了生计妥协。

从小到大，我都是个自信的人，高考的失利没有让我一蹶不振，也没有让我选择妥协。我觉得我自己不应该在选择自己职业生涯的问题上如此草率，随便找一份工作先干着。这不是我。我开始思考，既然社会不承认我的能力，为何不自己搭建自己的平台，去实现自我价值呢？就在那时，我萌生了自己创业的想法。

毕业后三个月，毫无工作经验的我，开始了自己的创业之路。恰巧，国家正好鼓励大学生自主创业。通过网络、电视媒体、报纸等渠道，我对国家对大学生创业的扶持或多或少有了些了解，也通过无锡市人社局的一些宣传活动，对我们当地的一些优惠政策有了些掌握。我渐渐明白了，国家给了我们应届毕业生一片沃土，给了我们充分的养料，让我们去自己发展。通过参加各类大学生创业培训，通过创业指导老师的培训，让毫无社会经验的我多少有了些底气。这正是我们大学生创业的春天。

2012 年 12 月，通过与家人的沟通、交流，父母也同意了我创业的想法，并支持了我一部分启动资金。我创办了自己的公司：无锡铭鑫模具有限公司。我选择了工业之母"模具"加工这一行业，因为我觉得，一切工业的发展都离不开模具。同时，这一行业的发展前景不错，我也多多少少有些了解，相对来说更有把握。

社会在发展，各行各业也是如此。没有创新，没有特色，那就没有生存下去的理由。我也深刻明白这个道理。所以在创办企业之初，我就给自己一个定位——我要做的就是精密性高的模具。所以，一开始买的设备就是精密度更高的、质量更好的加工设备。虽说，前期的投入是比预算多很多，也导致前期的资金压力比较大，但是 3 年发展下来，事实证明我的理念是正确的。现在我的模具在同行业里，有着精密度高、持久耐用的优点。即便是售价比别的生产模具厂的产品贵一点，更多客户仍然愿意选择我们公司生产的模具。

当然，在此也不得不再次感谢国家、感谢无锡政府，在我最困难的时候，给了我很多帮助。资金缺乏是我遇到的最大问题。前期客源不多，而创业又是从无到有的过程，资金的花费特别大，很多时候有力不从心的感觉。有了很多好的想法，但是没有足够的资金去实现，那么这些想法永远无法成真。也正是这个时候，无锡市就业部门扶持了我。资金上的支持让我们这个刚刚诞生的企业快速地成长起来。

现在的我还在不断地学习中，学习新的模具制造理论，学习使用新的 CNC 编程软件，接触各式各样的 3D 工业制图软件，了解与模具相关的周边产业知识，学习如何去管理经营一家生产型企业，学习如何去与客户洽谈。

现在回想起三年来的创业道路，其实也并不是一帆风顺的。不仅是资金上，其他方面都是如此。比如中国人的传统思维里，总有着"嘴上无毛，办事不牢"的传统思维习惯。当一个刚离开学校没多久的毛头小伙与一个可以做叔叔的人去洽谈生意的时候，总有着一种不被信任的感觉。他们的眼神似乎透露着"你行吗？办事牢靠吗？交给你我有点不放心"的潜台词。我想这个问题是很多同我一样的大学生，走上创业之路初期都会遇到的问题。

还有就是公司的招工问题一直是困扰着我的一个大问题。如何引进人才，如何留住人才都是一门学问。有时招进来的技术人员有着丰富的实战经验，我调动他们时总有些不自信。而新的人员对自己的定位又普遍偏高，所期待的薪酬与自身的能力不符合，这就导致难有新鲜的血液进入公司，也间接导致公司人员调动特别频繁，直接地影响了公司的正常生产。我们的公司可以说是一个非常年轻的公司，不是一个实力雄厚的公司。换个角度去想，如果我是模具行业内的专业人才，我也希望进入一家实力雄厚、发展势头特别快，已经在这个行业内有一定威望、有一定品牌的企业。然而，我创办的企业，它的成长需要时间。政府的支持已经让它的成长之路稍微加快了一些，但这似乎还是不够，至少在吸引人才方面，我们的吸引力还是不够的。3 年里这个问题一直存在，虽然随着时间的积累，企业的发展问题我们都能渐渐克服，但这个问题或多或少地减慢了企业发展的进程。

作为一家实业公司，它有自己的产品，有产品也就存在着买卖，也就存在着推广。如今的时代是信息化时代，有很多渠道可以让大家知道你的产品，认可你的产品，从而扩大企业的知名度和美誉度。但是，这些都需要推广费用，对于一个新成立没多久的公司来说，是一笔不小的开支，没有后续资金的支持，是很难长期有效地进行下去的。目前，我的公司最主要还是通过传统的方式在做着自己的推广，也就是跑业务，一家家单位去跑。当然，线上推广我也尝试着在做，但是，每年的费用着实不少，很难长期坚持下去。在此，我想寻求政府的帮助，为我们大学生创业群体排忧解难，并出台一些政策。有时候，一些具体的扶持政策，比给我们资金支持还有用。

不知道是不是由于股市的震荡，或者真的是因为经济不景气，今年的业务量明显比去年少。不止是我一家单位，同行业的厂家也是如此，甚至有些单位发生了歇业的情况。我知道生意有好的时候，也有惨淡的时候，这也是创业路上我必须承受的压力，但我还是希望政府能对我们有所帮助，我想提一个建议，是否可以由政府出面，举办几次大学生创业群体内部的交流会，让大家凝结成一股绳。至少在我们大学生创业群体的内部可以做到相互帮助，客户资源共享互通。打个比方，做餐饮的可以为我们公司送餐，做模具的可以与需要模具，或者工业加工的大学生创业企业进行配套。大家可以抱在一起，共渡这个难关。我相信，各行各业多多少少会有一点交集，多多少少会有一些互通。我们可以做到内部消化一部分，可以让我们手头的资源共享，甚至希望能否在政府的促成下，建立一个大学生创业社区，定期将大家聚在一起，诉说一下自己现阶段的情况，提出一些自己面临的困难。或者也可以从这个社区中，寻觅到一些机遇。

以上就是我创业三年来的一些经历。在这三年里，我有困难，也有机遇。这三年里的每一天我过得都很充实。感谢政府给我带来了很多政策上的扶持，也感谢政府对我创业初期的一些创业培训指导。我坚信，公司会越来越好，我也会在自主创业的道路上实现自己的价值。

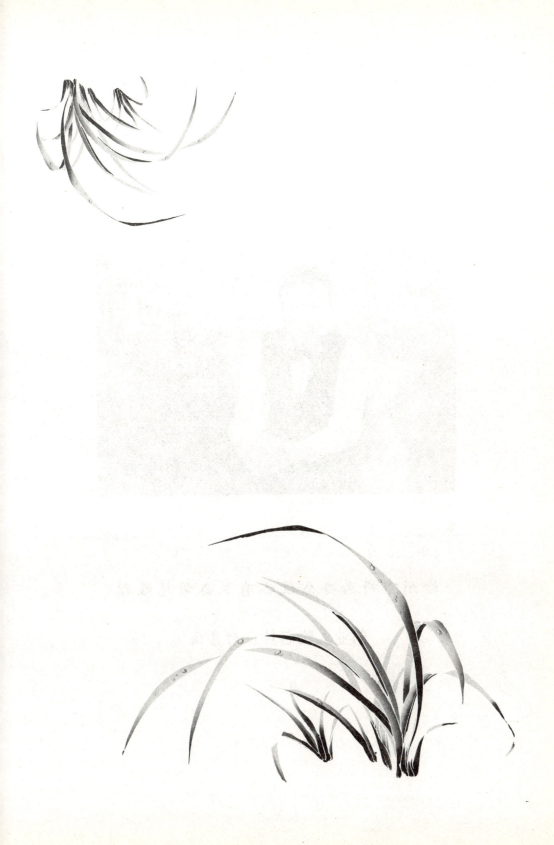

沧州市科为办公设备有限公司总经理

创业人物名片：付彦通

在创业中找到自己的价值

付彦通

付彦通对任何事总是一个态度：别人不干的我来干，喜欢是最好的理由。把简单的事做好就是不简单，一年多的打工生涯，付彦通任劳任怨、潜心钻研，凭借着自己的努力，他全面掌握了行业知识和维修技术，这为他以后自主创业打下了坚实的基础。

一声珍重离家走

初冬，清凉的风吹过滹沱河，吹拂在付彦通脸上，他不觉得冷，每次踏上家乡献县的这条河，付彦通内心总是一片阳光。

黄土地，绿田畴。滹沱河滋润着家乡的这块热土，也留下了很多儿时记忆。柳絮飞扬，草长莺飞。夕阳里，炊烟袅袅升起。他和村里的小伙伴一起下水捉鱼，嬉戏打闹。他憧憬着父辈描述的半个世纪前"上下天光，一碧万顷"的景象。

父辈世代务农，在滹沱河边过着面朝黄土背朝天的耕作日子。"世界这么大，我想去看看。"年轻气盛的付彦通有了外出闯一闯的念头，1997年，18岁的付彦通因家庭经济拮据，不能继续求学。在父母牵挂的目光中，他只身来到沧州打工。

如今，河水静流，岁月如歌。20 年过去了，当年意气风发的毛头小伙已成为知名的 IT 行业风云人物，付彦通感谢家乡这片滋养他的土地。他和父辈都没有想到，才中学毕业的他会与父辈完全陌生的日新月异的互联网紧密相连，并由此找到了实现人生价值的舞台。这个普通的农家子弟带领他的团队沐浴着改革开放的春风，踏上了"互联网＋"的高速列车，一路领跑，奔向光明。

合抱之木　生于毫末

付彦通现在担任沧州市科为办公设备有限公司的总经理，公司一直致力于复印机、打印机、计算机、服务器、存储、交换机等产品及电子教学、网络机房、监控系统等工程的销售、施工、售后等业务领域。目前该公司是佳能产品河北省的总代理、托盘商，最高级别金牌维修站，是惠普、联想、戴尔、IBM、浪潮、华为、趋势杀毒软件、深信服网络产品等众多国际知名品牌的经销商。

从 OA 到 IT，从起步于办公自动化设备到领军计算机行业，付彦通觉得变化是科技时代不变的主题。他说，那时候不能叫 IT 行业，应该叫 OA，因为这个行业分 IT 和 OA。IT 主要是计算机行业，最早涉及的应该是 OA 行业，就是办公设备自动化较多一些。

刚开始，付彦通是学徒工，跟随公司老师傅学习设备的操作和维修。他认识到，OA 设备集光学、电路、机械于一体，主要是经验的积累，熟能生巧，接触的机器多了，维修经验就多。因为是农村出来的孩子，对待别人不愿意干的活儿，脏点儿、累点儿的活，付彦通总是一个态度：别人不干的我来干，喜欢是最好的理由。把简单的事做好就是不简单，一年多的打工生涯，付彦通任劳任怨、潜心钻研，凭借着自己的努力，他全面掌握了行业知识和维修技术，这为他以后自主创业打下了坚实的基础。

10 多年前的沧州，办公自动化设备才刚刚起步，很多人都看到了这个行业的前景，付彦通身边的许多同事也都离开公司自立门户，这对他的触动很大。"彦通，你的技术和能力并不比他们差，你应该出去闯一番名堂了。"老师傅语重心长的谈话让付彦通下定决心，自己干，去闯出一片新天地。

1999 年，不到 20 岁的付彦通尝试着自己租了一间门店，开起了办公设备经销部，并迈出了艰难创业的第一步。俗话说：万事开头难。企业创办之初，付彦通也走过了一段艰辛之路，起初只有他自己一个"光杆司令"，既是采购员、推销员，又是维修工人和货物搬运工，每天披星戴月，早出晚归，工作十几个小时是常有的事。"业精于勤"、"笨鸟先飞"、"勤能补拙"成为付彦通给自己鼓劲的励志格言。至今回想起来，付彦通对那段风雨打拼路依然欷歔不已。他还清楚地记得，2000 年公司谈成了京沪高速工程一笔百万元项目的订单，对起步阶段的付彦通来说，这在当时是一笔"天文"数字，但需要预付 50 万元的启动资金。关键时刻，付彦通的个人信誉背书发挥了作用，设备生产厂家答应，不收预付金先供货，工程竣工后再付货款。同时，一些合作客户主动拆借资金帮助付彦通，短短几天的时间，付彦通就筹全了项目启动资金。后来，项目圆满收官，付彦通第一时间归还了借款和货款。从此他把"诚信为本、一诺千金"的理念镌刻在公司的企业文化中。

企业要发展壮大，产品是关键。从 2003 年开始，付彦通做起了国际知名公司佳能的代理商，企业发展也进入了一个崭新的阶段。那时候，佳能是全球第一大品牌，科为的竞争优势迅速提升，与很多政府机关和大中型企业开始有了合作。

科为公司顺势而上，很快成为佳能产品河北省的总代理、托盘商，最高级别金牌维修站，同时也成为惠普、联想、戴尔、IBM、浪潮、华为、趋势杀毒软件、深信服网络产品等众多国际知名品牌的经销商。

明者随事而变，知者随事而制。当一个人对公司有感情的时候，他可能不只是完成他规定的目标，他会从公司利益最大化的角度出发，做很多不在他职责范围内的事情。

随着网络时代的到来，信息化透明度越来越高，产品利润已经非常低。通过去国外考察，付彦通决定改变经营理念和模式，从卖产品转变成卖服务。2010 年之后，公司逐渐建立起一套完善的营销网络及售后服务系统，客户在这里可以得到售前技术咨询、售中合理化方案和售后标准化服务一整套完善的服务支持，从而最大限度地满足用户的需求。

让付彦通自豪的是，在这种 CPC 全包服务过程中，他们和有关厂家开发了远程智能控制系统，可以说做到了"运筹帷幄之中，决胜千里之外"。同时，在办公室通过轻点鼠标就可以维护客户设备，确保设备始终处于被监控的良好运行状态。领先一步的创新服务能力大大提升了科为的核心竞争力。

不畏浮云遮望眼

一个明智的人总是能抓住机遇，把它变成美好的未来。近年来，付彦通和他带领的团队还着眼于战略新兴产业市场的培育，依靠科技创新不断开拓市场，致力于服务器、存储系统、交换机、云机房、虚拟化等产品及电子教学、网络系统、监控系统等工程的销售、施工、售后等业务领域。在政府、企业、学校、金融、农村等领域有着广泛的客户群体，其中许多还签约了 CPC 全包服务，开通了远程智能管理系统，实现了远程管理及维护，提高了工作效率。科技创新提高了公司的整体竞争实力，赢得了广大商家、业界和客户的一致好评和信任。

提到付彦通和科为公司，多年的合作客户程关明啧啧称赞。服务理念超前，服务标准规范，技术实力雄厚，研发能力强大，善于换位思考，是科为始终能取得客户信任的制胜法宝。面对激烈的市场竞争，付彦通说：现在企业以大客户商用为主，遍布于金融机构、政府机关，包括大型企业，还有一些外资企业，这些企业对研发和服务要求特别高，也促使企业不断走内涵式提升发展的路子。客户需求和企业提升二者相互促进，协作共享，共同发展。

时势造英雄。相比前几年，付彦通强烈地感觉到现在的创业环境越来越宽松，创业氛围越来越浓，创业政策也越来越"接地气"。尤其是最近一年，在"互联网＋"时代背景下，众创空间、众筹、微商等新生事物如雨后春笋般涌现出来，给像科为这样以科技为原动力支撑的高新技术企业带来了更多的发展空间。面对"大众创业、万众创新"的新浪潮，付彦通更加信心满满。

聚沙成塔，集腋成裘。2015 年科为公司共完成销售收入 5000 万元，与组建初的 2003 年相比增加了 40 多倍，公司现有签约员工 40 多人，总资产 1000 多万元，成为全市 IT 行业名副其实的领军企业。

德不孤　必有邻

海不辞水，故能成其大；山不辞土，故能成其高。付彦通清醒地认识到，在信息时代，企业之间的竞争实际就是科技之争，而科技之争的重中之重是人才之争。多年来，公司十分注重人才的引进和培养，通过制定一系列优惠政策，招贤纳士、引进人才。

在公司，很多员工在创业初期和付彦通一起创业打拼，随着公司的发展壮大，个人也不断成长，找到了属于自己的空间。有几对员工夫妇，在科为工作了 10 多年，不管外面的诱惑有多大，也不舍得离开。在他们看来，公司不仅是谋生做事的地方，也是事业发展、梦想成真的舞台。

不忘初心，方得始终。付彦通特别珍惜朝夕相处的员工。他相信制度规则之外，更有"人情冷暖"。公道自在人心。善待员工，就是善待自己。有些员工想出去闯荡，付彦通总是支持鼓励，有时还给介绍客户，分一些项目给他做。信任是最好的试金石。有的员工创业失败，二次加盟科为，付彦通张开温暖的怀抱欢迎。尽管公司有员工管理的动态考勤软件，但付彦通从未启用。在他看来，团队的战斗力、向心力和凝聚力更多来源于员工的自觉奉献，刚性的制度约束永远逊色于朴素的企业文化认同感。

腾出办公房，添置乒乓球桌和食堂，与员工一起锻炼身体；经常组织旅游和外出培训；员工生病住院，付彦通总是第一时间探望关心；员工买房子缺钱，付彦通慷慨解囊；员工家里遇到急难事，付彦通总是忙前忙后……

在付彦通看来，亲情、友情比什么都重要。因为他觉得财聚人聚。财富不应当是生命的目的，它只是生活的工具。公司在付彦通的提议和身体力行下，成立了员工互助爱心基金。他还带领员工积极参与社会公益事业，在书画助学义卖、地震灾区捐款、扶危济困的现场经常能看到付彦通忙碌的身影。勿以善小而不为，多做雪中送炭的事，这是付彦通的本真想法。

孝行天下　仁者无忧

左右事业而不为事业左右。在事业有成的付彦通看来，家庭是奔波劳累之后的心灵港湾。风雨同舟的贤妻，一双懂事的儿女给了付彦通太多的温暖和力量。而每当提起陪伴母亲治病3年多的日子，付彦通刻骨铭心。3年多来，作为长子的付彦通带着母亲奔波于北京、天津、上海等地医院治疗，用去了近百万元的医疗费。1000多个日日夜夜，付彦通只要有空就守护在母亲床前，很少有精力顾及公司的转型发展。但他却无怨无悔，因为在他的心里孝道不能等。提起儿子给母亲治病，父亲看在眼里，疼在心上，不善言辞的他逢人就夸儿子孝顺。
更让付彦通欣慰的是，妻子王泽静一直默默支持着他。

为了弘扬传统的孝道文化，付彦通倡议开展了系列感恩主题活动。
公司把每位员工的生日设立为"我的母亲节"，要求每个过生日的职
工带薪休假一天，带上公司发放的慰问品，回家陪侍母亲，为母亲做
一顿饭，鞠一个躬，感谢母亲的生养之恩！付彦通深知，百善孝为先，
只有感恩家人才能谈得上回报社会，只有追求"知者不惑，仁者不忧，
勇者不惧"的境界，企业才能基业长青。

立志在坚不在锐，成功在久不在速。付彦通欣赏"慢生活"的方
式，他把微信名设为"钱胜物命胜钱"，时刻提醒自己要看淡财富和
名利。付彦通喜欢"小桌呼朋三面坐，留将一面与梅花"的达观和超
脱。品茗、健身、读书、悟道成为他的生活常态。人莫不爱其生，故
不厚其生；莫不厚其生，故不伤其生。付彦通懂得，只有知足常乐才
能美意延年。

一路风雨一路歌。今天取得的一点小成绩只是明天事业的一个基
点，也只是人生的一小步，但创业却让青春无悔。20 年的披荆斩棘、
筚路蓝缕，付彦通品尝了同龄人很少体味的酸甜苦辣，如今的他多了
一份成熟与稳重、睿智与豁达。

新年新气象，肩扛责任再出发。面对成绩要有"清零心态"，面
对未来还得保持"进取心"。付彦通感激这个梦想成真的创业时代。
大道如虹，滹沱河的涛声召唤着付彦通在"大众创业、万众创新"的
大道上书写新的篇章！

大家社区 CEO　中国 SaaS 领军人物

创业人物名片：文杰

其著作《站在云端的 SaaS》海峡两岸同时出版

曾服务于贝尔实验室、SAP、微软亚洲工程院、用友集团、致远软件等公司

曾获 SAP 全球顶级人才奖、微软关键里程碑奖

拥有美国大数据专利一项，中国软件专利三项，两次互联网创业经验

愿化劲风　助飞传统企业

文杰

"这是最好的时代，也是最坏的时代"，用英国作家狄更斯一百年前的这句话来描述当下的中国依然准确。对于互联网创业者而言，我们有幸赶上最好的年代："互联网＋"提升成为战略思想，成为中国经济发展的重要引擎；资本热钱蜂拥而至，互联网新技术、新模式借资本热浪风起云涌。

对于创业者而言，想必有很多人都幻想着做那只幸运的"站在风口上的猪"，因为许多人相信"站在风口上，猪都会飞"，我曾经也幻想着能幸运地站在"风口"上，等风助我起飞。后来我发现若没有翅膀，即使风来了，你既飞不起来，也很难飞高，何况风停的时候，就会摔下来。这时候我在想我应该有一双翅膀，我努力生长，终于有一天，我感觉我的翅膀足够结实了，可以飞了，可我却突然不再想"等风来了"，因为我想做那股风，那股可以助飞的风。

没错，我的创业经历极像这只"站在风口上的猪"，学生时代我就开始了自己的创业之路，如今已是第四次创业，这次我只想做一股劲风助推传统企业互联网转型。这股劲风以互联网技术为动力，让每个传统企业利用互联网这一工具改善原有行业的痛点，长出翅膀，乘风飞翔。互联网是撬动世界的工具，它不应是部分精英掌控的奢侈品，

123

它应普惠于每个人、每家企业，尤其是那些在传统领域耕耘多年，深刻了解行业的传统企业。互联网革命、互联网经济不应只是互联网新贵们的游戏，传统企业也应公平地享受科技带来的红利，给传统产业注入互联网基因，与新贵们同台竞争，是我此次创业的动力。

当下互联网正在从第一代向第二代转变，如果第一代互联网是纯线上的门户时代，游戏时代，搜索、社交时代，流量为王时代，那么第二代互联网将是给传统产业以互联网，而不是给互联网以传统产业。第二代互联网将重塑现实社会中的供需关系，产业链将从单纯的线下向线上延伸，并渗透不同行业，演绎出不同的商业模式。第二代互联网面对的是每一个即将深入的万亿级的市场，合起来会是十几个甚至几十个万亿级市场的叠加，其市场空间将是第一代的几十倍。很庆幸，也很自豪，我率领的大家社区已冲在第二代互联网的潮流中，能融入其中并贡献一己之力。

创业者要耐得住孤独　守得住内心

"这是最好的时代，也是最坏的时代"，用英国作家狄更斯一百年前的这句话来描述当下的中国依然准确。对于互联网创业者而言，我们有幸赶上最好的年代："互联网＋"提升成为战略思想，成为中国经济发展的重要引擎；资本热钱蜂拥而至，互联网新技术、新模式借资本热浪风起云涌。2015 年 6 月，我国上网人数已远超欧盟人口总和，并达到 6.68 亿人，就连手机上网也高于整个欧洲人口，达 5.94亿人，这也就意味着不论街头田埂、男女老幼，每 10 个中国人就有 5人在使用互联网，而这 5 人中有 4 人用手机上网。对于互联网创业者而言，这是多么诱人的大蛋糕。但在美味面前，我们也能嗅出丝丝不美妙的味道：我们所面临的商业环境与过去相比并无太大改观，恶性竞争、诚信缺失、人心浮躁、急功近利还普遍存在，一些企业经营中无视商业道德和市场规则的现象更是屡屡发生，数据夸大造假、圈钱蒙钱成为互联网怪圈。

在这样一个机遇与诱惑同在、专注与浮躁共存的年代，对于我们互联网创业者来说，在喧嚣中能否耐得住寂寞，守得住内心就显得尤为重要。创业不是一种风尚时髦，更不是一窝蜂式的"大跃进"运动，创业其实是很孤独的，这种孤独常常又是难以言说的。赛富亚洲投资基金创始管理合伙人阎焱说过一句话，"一个杰出的人内心都是孤独的"，我非常认同这种说法，创业是一个非常理性的过程，而且更多时候是一个孤独的过程。因为在企业发展过程中的某些关键点上，没有任何人能替你做出选择，也没有任何人能代你给出答案。

企业的成功是一个很漫长的过程，长长的事件链条上都需要做出正确的决策，犯了错误要及时纠正，否则你可能会葬身谷底，血本无归。而且要成功必须在一二十年里都不能犯大错，可以说每走一步都是如履薄冰，这些林林总总的煎熬折磨最终只能依靠个人强大的内心去化解。

做风口上的猪，还是长翅膀的鸟

每一个想成功的人都希望自己是那只幸运的"站在风口上的猪"，人人都愿意相信"等风来，猪都可以飞"。可是我们常常忘了：即使风来了，你有会飞翔的翅膀吗？你会把控起飞的时机吗？你会掌握方向吗？何况风总有停的时候，一旦风停了，就会摔得很难看。我曾经也一直在左顾右盼地寻找风口在哪里，想成为那只被幸运砸中的"猪"，但在几次的创业之后，我明白了，在天上不掉下来的只能是鸟，肯定不是猪。找到风口，看清风向，把握风向，准时起飞，需要的不仅是运气，也是能力和智慧，而如果没有翅膀，即使站在风口，即使被风托起来，也很难飞离地面，飞得高远。

20世纪90年代中后期，正是中关村创造电脑销售奇迹的时候，还在北大读书的我，凭着直觉嗅到了商机，每天大量的电脑出货进货，如何管理令不少商家头疼不已。仗着自己有一定的技术，我编制了一套电脑销售库存管理软件，解决了商家的燃眉之急，非常受欢迎。而我编制的另一套图书销售库存管理软件在图书城也同样受到青睐，更是占据了商家使用量的1/3。借着中关村当年的奇迹，我初尝到了捕捉商机的甜头。

20世纪末，正值中国互联网的第一次疯狂生长期，互联网制造的"暴富速成"神话，吸引了许许多多的后来者。凭着敏锐的市场直觉我发现北京房屋租赁市场有非常大的需求，供求双方信息极不对称，便萌生了做一家房地产中介网站的想法。很幸运，在互联网泡沫即将来临之前，这家网站被人相中收购了。2000年互联网泡沫破碎，整个市场一片低迷。那场互联网高烧让我反思，这其实是风险资本催化下的一场全社会的"烧钱"运动——编梦、融资、烧钱、上市、再烧钱……用概念代替了经营，也过分神化了互联网，其实互联网只是网络经济的一个工具，而不是网络经济的主体，它并不能主导、主宰社会经济。这一理念在我日后创业做大家社区平台时得以深度实践。

互联网圈流行一句话，"先驱和先烈仅一步之遥"，早一步可能成为先烈，早半步可能是先驱，这似乎是真理。这句话在我之后的创业路上也应验了。之后我分别涉足了企业级的网络杀毒行业及管理软件行业，但是由于局限于当时国内网络基础设施及互联网人群规模，这两次创业都因为概念和技术超前而没能大面积推广。

一直认为自己的商业直觉还是比较敏锐的，那时候的创业多半依赖这种直觉以及技术优势，但对如何经营企业、管理企业以及投融资完全还是外行。翅膀不够硬，飞翔只能是梦想。随后我分别就职于微软、SAP、用友、致远等公司，那里成为了我日后创业的充电课堂。

作为软件行业中的翘楚，毫不夸张地说，当时的微软集中了全世界最智慧的头脑，与那些充满智慧的人在一起工作会令人进步得非常快。尽管其已成为软件行业翘楚，微软对市场始终保持着极强的敏锐度，无论是对客户的反应速度，还是自我修正速度都是极为迅速的，始终关注市场、用户，一旦认识到自己的错误，微软反过身来的速度是很惊人的，这也使得它很难被一时的错误所打败，每次都能够爬起来，以更快的速度前进。而微软对软件产品化的方式方法、技术更新的孜孜追求、互联网安全的极度重视都为我日后的创业提供了非常难得的借鉴，可谓受益匪浅。

如果说在微软工作期间，我学到的更多是软件研发管理实战经验的话，那么在 SAP 对我触动更大的是做事情的态度。作为全球最大的企业管理和协同化电子商务解决方案供应商，以及全球第三大独立软件供应商，SAP 之所以能在短短的二十几年间发展成世界瞩目的巨头企业，德国人严谨务实以及精益求精的科学态度功不可没。2004 年作为前期主要的设计者，我参与研发了 SAP 有史以来投资最为巨大的 SaaS 云管理软件 SAP Bydesign。工作期间，德国同事对工作的敬畏、执着和较真，对产品细节的精益求精、不浮夸令我印象极为深刻。我想也正因为德国人这种做事方式，才成就了如今代表质量和百年传承的"德国制造"。在 SAP 我成为国内最早接触 SaaS 的一批人，我能被外界称作 SaaS 领域专家，在海峡两岸同时出版的《站在云端的 SaaS》一书能获得认可，真的要感谢在 SAP 那些年的深耕细作。

与跨国公司相比，用友集团、致远软件这些国内知名软件公司更"接地气"，更知晓国情，也更本土化。在用友集团我主导了诸多市场规划，从技术堆里一头扎到了市场里，从技术转向关注市场和用户。在致远我开启了第三次创业，作为致远的股东之一，在企业准备 IPO 时，我选择了离开。因为 B2B 互联网创业的想法一直没有泯灭。

回过头来看看自己，一路走来好像是在寻找风口，也好像是在努力做一只有翅膀的猪，其实真正的答案都不是，我不是在寻找，只是在奋力成长，努力长出翅膀，变成一只有翅膀的鸟。

"平民本色、精英气质"是我的信条

创业需要激情，但激情在挫折面前往往又是脆弱不堪甚至廉价的。创业不是速度战，它是一场持久战。在这场持久战中，坚持与坚守显得尤为珍贵。那么问题来了，创业者该坚持什么？

假如一个天平摆在你面前，左边是一字千金的承诺，右边是唾手可得的利益，你会把砝码放在天平的哪一端？讲一个真实的故事吧！10年前，我要赴一家新公司任职，当时居住地离公司非常远，准备卖掉房子在公司附近另购一套，在年底的最后一天，买房与卖房同时进行。因为急于出售，价格低于同类房子，加之又是学区房，房子很抢手，不少人感兴趣，在与前一买家谈妥后，后有两家也看中了此房，并愿意出更高的价格。房子卖给谁呢？最后的结果可能有点戏剧化：房子最终卖给了出价低的人，而出高价买房的人虽没有得到房子，却从被我说服的第一个买家那得到了几千块钱的补偿。这是按什么牌理出牌呢？按常理说，谁出高价卖给谁，这是商业规律，但因应诺在先，即使是口头约定，也是立了协约和承诺的，一诺千金，这一承诺比利益更重要。这是我的价值观。

讲这个故事是想让大家思考一个问题，企业究竟该是利益至上还是道义当先，中国有句老话叫"君子爱财，取之有道"，以追逐利益为天性的企业亦应有商德，我们在做企业时常要面临利益的诱惑，诱惑越大，诚信与利益的较量也就越艰难。而一家企业是否有价值观、明确的商业伦理，以及清晰的利益边界则显得尤为重要。很多时候创业者对诱惑的抵抗力有多大，就意味着企业的信用指数有多高。这也是所谓"不诚信难立人，无信用难成事"。

作为创业者还应该坚守什么？"平民本色、精英气质"，这是我的信条。历史上我最认同的两种人都走向成功了：一类是出身贵族的韩非子，另一类是平民出身的李斯，他们是两种类型的代表，用现代的话来讲韩非子是精英代表，李斯则是草根代表。换句话讲，在现代社会，具备"平民本色、精英气质"的人更容易获得成功。什么是"平民本色"？在我看来是注重自我内在的锤炼和修行，讲信用、守承诺、懂得谦卑、务实勤奋，而"精英气质"则涵盖了大格局、大胸怀的气度，有责任、敢担当、富于创新与开拓精神。"平民本色，精英气质"不是与生俱来的，更与出身没有任何关系，这是一个人的学识胆识修养锤炼到一定程度上的累积。"平民本色"是做人的标准，"精英气质"是做事的高度。先做人，后做事，有素质，有担当，是对"平民本色、精英气质"最基本的诠释。

我愿做劲风　助推风口上的传统企业

在开始做事情之前，我通常会思考以下四个问题：第一，要做的事情是不是符合宏观大势，要顺势而动，而不能逆势而为；第二，是否有行业需求，即所谓关注市场；第三，我的能力如何，能否胜任，所谓知己；第四，竞争对手如何，所谓知彼。如果这四个问题想清楚了，得到了肯定的答案，我就会毫不迟疑地开始行动。有分析认为中国目前正在迎接第二代互联网高峰的到来，即传统产业的互联网化，而不是给互联网以传统产业。第二代互联网中，互联网已不再如第一代一样作为行业主体，更多的是作为一种工具、一种能力和能量附加于传统产业之上。正是出于以上的思考，我以"帮助中国传统企业完成'互联网＋'转型，让所有的企业成为互联网企业"为目标创立了大家社区平台。

大家社区是我所创立的北京慧友云商科技有限公司推出的基于移动云计算模式下的企业社群应用，简单地说，就是为传统企业提供向互联网转型的工具，帮助传统企业业务互联网化，实现从 Off－line 到

On – line 的转型。

大家社区平台改变了以往传统企业级软件，如管理软件、财务软件只针对企业内部管理，无法渗透到企业经营层面上的短板，不仅打通企业内部协同，更重要的是通过扁平化对接方式实现企业与客户的有效对接，将企业内部管理与外部市场打通，最终帮助企业增加营业收入，实现经营业务上的飞跃。

通过这个平台，企业可以将业务延伸到移动终端上，其实现方式概括起来可以分为"圈"、"养"、"升"三个递进过程。所谓"圈"是指建立自己的移动门户，将企业现有业务迅速线上化，线上线下同时运营，互不干扰；所谓"养"即通过粉丝经济带来二次营销，同时通过口碑营销提高企业及其产品美誉度，增强消费者的忠诚度；所谓"升"是指打通上下游资源，企业的合作伙伴被融入线上平台，形成全产业链模式，也就是说通过衍生服务获得增值价值。平台提供了诸多功能模块，诸如服务预约（即线上预约，线下体验）、服务评价（可自定义评价指标，实现口碑营销）、服务通知（按目标多通道推送，送达率100%）等。这些功能都是模块化的，企业仅需如拼装积木般地将模块进行拖曳，就可轻松地完成企业APP的搭建。零代码、零技术，无须专业团队，直接就可上线投入使用，非常实用便捷。此外，这个平台融汇了微信、微博、APP、二维码、BBS等各种新的营销方式，具有巨大的流量入口、轻量化设计、低准入门槛等特色。

目前，大家社区推出了标准版、增强版和专属定制三个版本。自推出以来，仅半年时间就有近5000家企业使用我们的平台，并以每月近50%的速度爆发增长，天安人寿保险、中国亲子阅读第一品牌悠贝、中国百货商业协会等知名政企事业单位等，都成为了我们的服务对象。

技术与市场　我更信仰后者

在许多人眼里，我可能是一个不折不扣的"技术男"，不少人对技术男做企业都心存疑虑。技术男往往是刻板、教条、情商低的代名词。其实这是对"技术男"的一个误解，百度李彦宏、小米雷军都是做技术出身，经营公司也同样风生水起。我认为"技术男"通常有极强的专业背景，在互联网这个以技术为支撑的行业非常重要，因为内行在技术上不会被忽悠，对产品的管控能力也很强，这是"技术男"无可比拟的优势。当然，作为独立创业的"技术男"而言，必须同时具备极强的市场观察力、冷静的决策力，以及相当的企业管理能力。2002 年前后，我便有意识向市场方向转型，与客户面对面地沟通，通过各种途径了解市场，当时参与并主导了用友公司不少的市场规划，我天性中有很好的商业直觉，这些年的历练慢慢将这些零散的直觉提升为较强的商业规划能力、市场的快速反应力、商业模式设计能力等。简而言之，我认为有情商的"技术男"才能所向披靡，缺少哪一项都是短板。

李彦宏曾说过，"互联网发展到今天，它的灵魂依然没有改变——技术创新永远是这个行业的核心驱动力"，时至今日，我认为此观念已不合时宜。在互联网发展早期，纯技术型公司在竞争压力不大的市场环境下，凭借其技术优势尚可崭露峥嵘，在当下以及未来，我认为纯技术型的企业是很难存活的，其最好的命运就是被收购。如果说第一代互联网的赢家是技术大拿，是用 IT 技术打造互联网产品的极客，那么随着互联网与各行各业的结合，第二代互联网赢家应当是对互联网及线下产业都有深刻认知的人。

罗振宇在 2016 跨年演讲中说道："每一代新技术都会产生巨大的红利。新技术出现时，看连接旧世界的机会，新连接出现时，看连接

131

新基础的机会。"其所言正是新技术只有与现实应用相结合才有落脚点，也才能获得红利。苹果、谷歌这些企业之所以能够获得成功，不仅是因为他们具有极强的技术创新能力，更重要的是这种技术创新与市场应用的密切结合。我非常认同这点，技术与应用应是孪生子，密不可分。新技术的诞生要能颠覆应用才具备真正价值，新技术的诞生只有与市场需求相结合才具有意义，所谓的新技术必须市场化、应用化才是有生命力的东西。三年前，第一次看到二维码时，我就断言，这会是一个很好的商务入口方式，现在来看也正如此。现在所提倡的"场景驱动"正是这个道理。我们公司所做的软件开发，全部是基于场景驱动的方式进行研发，技术人员要思考这套软件是在什么样的场景下应用、适合哪类人群、是否给用户带来使用上的便捷等，反过来通过对用户需求的挖掘也催生了我们技术的升级。

在我看来，未来以市场为前端、以科技为支撑的混合型企业是发展趋势，只有这种科技创新与市场应用完美结合的企业才能在激烈的竞争中实现弯道超越，并具有可持续发展的强大生命力。

做一家有硅谷文化的企业是我的理想

大家社区在正式推出前，我们进行了三四年的打磨，通过对大量传统行业的调研分析，将服务过程进行梳理和建立模型，最终打造出了这款基于 SaaS 模式下的企业移动服务平台。缘何用这么长的时间？我的回答是：我们不仅是在编制一套软件，我们在做的是打磨一个精品。精品是什么？精品要经得起时间的检验，受得住用户的挑剔。作为专业人士，我可以很负责任地说，半年就搞出来的 SaaS 平台一定是不靠谱的产品。软件是工具，是为用户所使用的，来不得半点玄虚，一张皮的忽悠很快就会露馅。表面上用户使用的是平台，但实质上支撑起这个平台的是其背后强大的后台及数据库。毫不夸张地说，我们这套软件的设计编制花费了较长时间，绝对是有价值的，正所谓厚积薄发，由于有了这个功能强大的后台，我们未来的研发速度会是一般的 10 倍，这是我们未来发展的强劲动力。基于对精品的追求，我对技术人员的要求就是用严谨细致的态度来对待手中的产品，因为手中的产品不会欺骗你，你用了几分心思，花了多少精力，都会不折不扣地投射在你的产品上，别人在你的产品上都能看得到。

对于大家社区，我希望未来有百万家企业成为它忠实的用户，股东有丰厚的回报，员工可以不为房子车子发愁，在北京可以安居乐业。为用户负责、为股东负责、为员工负责，如果有一天我的企业真正将这些变成现实，我觉得我的价值也实现了。

2015 年，我们已获得千万美元的 A 轮融资，也制订了 2016 年上市的规划，但上市不是我做企业的目的，上市只是企业发展过程一个阶段性的里程碑。的确，我们赶上了最好的时代，第二代互联网面对的是一个万亿级的市场，大数据将使得未来线上线下服务的体验达到极致，也使得商业模式的扩张性充满想象，发展速度与体量值得期待，对大家社区的未来我充满了信心。

我希望能做一家有价值的企业。这个价值不仅是营收、用户、增长速度等这些可量化的指标，还包括一些无形的资产，如品牌、企业价值观等。美国有硅谷、德国有沃尔多夫，这已成为高科技、创新的象征。我非常欣赏硅谷文化所宣扬的"繁荣学术，不断创新；鼓励冒险，宽容失败；崇尚竞争，平等开放；讲究合作，以人为本"，非常希望我们中国也能出现一个这样地标性的区域，我也非常愿意把大家社区建设成既充满科技力量，又不乏人文关怀，既尊重商业规则，又充满竞争活力的互联网软件公司。

中国旗袍会总会副会长

创业人物名片：江欣芸

江旗袍服饰董事长
2014 成都榜样女性
2015 创业中国杰出女性

坚持不要放弃　进步来自突破

江欣芸

　　创业成功有两种，自用成功和被用成功，如果你是一个自律性比较强的、有决策力的人，首先你自己要有一个平衡。我比较支持大家去一个正规的公司进行一些规范化的培训，然后再进行创业。有的人天生是被用成才的人，需要找一个为他做决策的人，比如说他骨子里面有犹豫成分的，或者他遇到风险承受能力比较弱的，这种人我建议他不要着急创业，要多做积累，或者是寻找到一个大的平台，在那个大的平台去成就自我，"打工皇帝"也是人才辈出的，你自己要明白，你能做什么，你能怎么做，你最终能走向哪里，当你自己还迷茫的时候，一定不要心急创业。

　　我出生在重庆的长寿区，我的父亲是当地粮食局的一个会计，他有着和传统山区那一辈人一样的重男轻女的思想。我们家有三个姐妹，而我从小就被过继到我的姨妈家生活。我的姨妈是那个年代的公司高管，她是一个非常优秀的知性女人，她是我的偶像，从小我就想有一天可以成为像姨妈那样的成功女性，优雅、知性，有自己的事业和独立思想。

　　我是在乡下出生的，后来到姨妈家生活，也经常在乡下和城市间来往。我认为乡下的生活给了我很深刻的关于贫穷和根深蒂固男女不平等的潜意识。因为家里有三个女孩，经济情况也不好，很小的时候，我和我的妹妹就要学会帮忙家里做很多家务，从小我们就希望通过自己的努力可以让家人过上更好的生活，特别想让父亲改变女子不如男的思想，这真的很难，那个年代那个群体的思想根深蒂固，虽然无法改变，却也养成了我从小要强和不服输的性格，我总是觉得，只要努力，一定可以证明我不比男孩子差。

我的姨妈是一个知性的、成功的女性，虽然离开父母我很心酸和难过，但是我依然庆幸，在姨妈家我受到了很好的教育和引导。从小，姨妈送我去学弹琴、芭蕾，培养了我很多很好的爱好，也对我后来的人生有很大的影响。因为性格要强，想要证明自己，所以在姨妈家，我很努力地去学习和做事，而我姨妈家的两个哥哥也非常优秀，他们一个考上大学做了老师，一个考上陆军军校做了军官。在这样的影响下，我能不努力和上进吗？

但是这些只是与我的性格相关，而创业不仅要有一些创业者需要具备的坚强、坚韧以及想不断改进自身的自我驱动力，而且还要对其有兴趣。我读的是重庆大学，开始我的专业是会计，我的父亲认为一个女孩子学会计无论是工作还是以后对家庭都是很好的，但是我对会计不感兴趣，我从小就喜欢时尚的东西，也很喜欢看时尚杂志，那个时候这种杂志要十几元一本，很贵的。当时我自己的零花钱几乎都积攒起来，全部用来购买我喜欢的时尚方面的杂志。我在学校的时候还很喜欢写文章，比较喜欢创作，同时对时尚也做了一些研究，比如对色彩搭配等就非常感兴趣，后来有一些机会我就特别想去意大利学习，结果就真的去了。现在想想这一切都是那么自然而然，似乎冥冥之中，这些就是为我今天的道路和成功做了很好的铺垫，只是当年不可知，对未来也是茫然的，但是因为兴趣所在，茫然之中仿佛就有一个指引。

我也是先打工而后创业的，开始在世界500强的一个韩国化妆品公司，每个周末都去兼职卖化妆品，暑假寒假也都是在超市做化妆品促销，给消费者化妆等，而我喜欢做这些事情，我喜欢给别人装扮，看到他们美丽快乐的样子，我心中也充满了成就感。

2000 年，一个很偶然的机会，让我和旗袍结下了不解之缘。那一年，我去欧洲游学，算是培训和旅游相结合，那时候，我看到日本有和服，韩国也有自己的服装，但是中国还没有很好地重视旗袍。所谓"文化复兴，衣冠先行"，旗袍对中国人来讲是一首诗，也是一种文化，它代表着典雅庄重的东方阴柔之美，传承中华文化，彰显旗袍魅力，成为了我内心的追求和梦想。

旗袍让我有了创业的冲动，想要为我自己的梦想而战。回国后，我就把想法告诉了我的祖母、外祖母，我的外祖母家其实是旗袍世家，她们都会做旗袍，旗袍是中国女人最好的代表，她们非常支持我。

旗袍有很多文化，而上海就是海派旗袍的发源地，旗袍分京派和海派，其实不是北京的旗袍叫京派旗袍，京派旗袍有点宽，是满族袍的一个延续，海派旗袍也不是上海的旗袍叫海派旗袍，海派旗袍是一种舶来文化，西为中用的一些服饰，让女人看起来更性感苗条，这就是海派旗袍，我看到海派旗袍，就想起了我的外祖母，她对旗袍的那种热爱，我对外祖母的感情在对旗袍的感情中得到延续。

创业初期是很艰难的，开始的时候，我把上海的旗袍买到成都去卖，成都的商业氛围比较浓厚，我就留在了成都，到 2002 年，我在成都已经开了 12 家旗袍店，主要是卖一些精品旗袍，在卖旗袍的过程中，我始终在想着要如何创新，过去的旗袍有点传统。我在海外看到许多时尚元素，结合国际流行视野，我一直想把时尚色彩等元素带入旗袍中并向世界展示旗袍的魅力。在这个理念的驱动下，我不断向前，不断努力。

而我国在改革开放后，服装样式被西化了，没有坚持自己的特色，而我们有责任、有必要去坚持我们的信念、梦想。

做中国服饰，中国旗袍依然是我的梦想，而且也取得了一些成绩，前些时候，我去给大学上课，我讲国服魅力——中国旗袍，讲了很多很多，这一堂课很详细地讲了我的观点，我认为中国旗袍应该得到更好的认识和推广，而我希望有更多的朋友和我一起来热爱中国国服，热爱中国旗袍，热爱我们的国家。我想我能够更好地去做我想做的事，这是一个中国女孩想让中国式优雅成为世界时尚的一个梦想。

创业过程真的遇到很多困难，尤其开始的时候我还是一个思想不成熟的年轻女性，跌跌撞撞，磕磕绊绊，举步维艰的时候真的很多，尤其在 2005 年我生孩子之后，很多时间都放在旗袍的经营上，家庭和事业的双重压力，使身体严重透支，那时候压力真的很大，只要一想到还有几十名员工要我养活，就感到压力巨大，那时候我生了一场大病，也患了抑郁症，并且很严重，一着急就会晕倒，当时我住在七楼，我总是感觉有人让我跳下去，所以那一段时间是我人生中最大的低谷，每四个月去医院进行一次康复治疗，那段时间，身体透支，无暇顾及生意，生意一落千丈，在 2006 年彻底关闭了旗袍店和所有的公司。

生病其实还有另一个诱因，在 2005 年 3 月的时候我投资了一个酒楼，投了 100 多万元，当时我感觉我的旗袍事业经营起来举步维艰，我就觉得要重新找到一个项目让自己有更好的经济来源，当时我在海外看到了很多的旅游餐，就想寻找另一条路，但是因为对这个行业还是不熟悉，因此投资全部失败，自己也是心力交瘁。

这么多年总结出一些规律，我认为，要坚持自己的爱好和兴趣，对于旗袍我选择了，就要坚持，不要放弃，一定要坚持并在其中不断地改进，我从做旗袍销售到做旗袍代工，到做旗袍设计和品牌，这一步步走来，都是不断实践得来的进步，以及突破。做服装，我认为一定要有灵感，不断地创新和逼迫自己去思考。2007 年，我开始研究中华服饰，研究不同朝代的服饰特点，整理了很多的资料，也做了很多的笔记，我去日本、韩国等时尚服饰体验馆去感受，去寻找自己的突破。

随着我国对外交流和服饰文化的发展，越来越多的人喜欢上了优雅的旗袍，也为很多外国人认可，旗袍正在逐步走向世界，我更加有信心把我的梦想坚持和完善下去。而且我还要将国外的一些时尚理念与中国服饰的灵韵融入进来，中西结合。

现如今，我们生产的江旗袍已经是一个品牌了，还建设了江女郎闺蜜会这样的平台，也让我们这些优秀的女企业家在一起，每月做名媛会的活动，我们大家一起来学习江旗袍的礼仪、江旗袍走秀，从旗袍中了解国学文化知识点。大家其乐融融，也同时感受中国传统文化的博大精深，我们的伙伴和其他女性朋友也越来越喜欢旗袍展现的魅力，属于我们东方女人的那一份婉约精致的性感美丽。

企业经营中，对我来说最难的，可能还是人才，因为旗袍不是一般的产品，她是一种中国女性神韵的展现，我们需要对旗袍有着根深蒂固的情感，就是你必须爱旗袍，就像爱你的孩子一样，你才能让它传递出自己的神韵，可以说每一件旗袍其实都是有生命的，它可以将你的特色和美丽最佳地展现出来，但是我们需要的这种对旗袍有情结的设计人员、工作人员，真的很难找，现在都是进公司进行三个月的训练，训练对旗袍的知识文化、传统文化的态度，还愿意去探索和寻找这种内在的美丽，而这种有中国文化情结的又愿意做旗袍的女性，真的很难招，我们现在所有的管理人员，都是从一线员工慢慢培养起来的，常年的耳濡目染让她们对旗袍有了丢不开的情结，只有这样才能够真正成为一个旗袍公司的代言人，不过这种培养，很费时费力，也有很多人不能坚持，她们只是为了工作，而没有这种情怀，我们现在也和很多服装学校合作，在学生阶段就去对她们进行文化的熏陶，结合学校的剪裁班、缝纫班，不断地去寻找和培养我们需要的人才。

现在，我的旗袍形象馆已经遍布全球，我的目标是做国内甚至国际的时尚旗袍第一品牌，这个时候我们要去做海外的华人圈层的品牌的一个影响推测，在这个圈层进行战略合作，比如意大利就是我们高定中心的一个联络点，需要高定我们可以进行远程网上辅导，可以在网络上下单，下单了以后我们这边做好就给她邮过去，把尺寸量好了就可以了，我们现在已经在 9 个国家有高定的联络处，公司的杂志分中文版和英文版，遍布约 15 个国家。

推动世界的手就是推动摇篮的手，千家万户的女人带动的是整个家族，承载的是整个家族的荣辱兴衰，我们想一个母亲如果是自尊自爱自强的，她会影响她的子子孙孙，我们用的是祖母的故事，这是一个传承系列，就是希望我们江旗袍每一件都是手工做的，具备传承作坊的价值。这件衣服不穿了以后，有可能成为他们家族的收藏品，如果说不愿意收藏，我们还有一种营销模式，5 年以后可以以 1∶1.2 的比例重新拿回来换新款，把你的旧旗袍拿回来，并把旗袍拍成照片，同时简单地做一个自我介绍，旗袍拿回我们公司之后，就放在我们公司的旗袍博物馆，供游客参观。多年以后，如果是一个显赫家族的祖母的旗袍，那就有一定的参观价值。我们现在也在和当地的文化局沟通这件事，希望在成都建一个旗袍博物馆，以便外国友人或者一些对旗袍不是很了解的年轻人参观，这也便于大家进一步地了解中国的国服，同时我们也可以把我们的一些产品展示出来，体现中国女人对品质的追求，有可能五十年以后，一百年以后，甚至三百年以后，这些东西都是研究当代生活品质很好的资料。

通过自己成长的经验和工作当中的一些经历，我想分享几点给创业者提供一个参考，创业成功有两种，自用成功和被用成功，如果你是一个自律性比较强的、有决策力的人，首先你自己要有一个平衡。比较支持你去一个正规的公司进行一些规范化的培训，然后再进行创业。有的人天生是被用成才的人，需要找一个为他做决策的人，比如说他骨子里面有犹豫成分的，或者他遇到风险承受能力比较弱的，这种人我建议他不要着急创业，要多做积累，或者是寻找到一个大的平台，在那个大的平台去成就自我，"打工皇帝"也是人才辈出的，你自己要明白，你能做什么，你能怎么做，你最终能走向哪里，当你自己还迷茫的时候，一定不要心急创业。因为我们第一次创业的时候，资金来源很多都是父母给的，没有多年的积累不要轻易地去做尝试，但是若你自己内心有梦想，哪怕你遇到挫折和困难也能不放弃，坚持走自己的创业之路。

江苏淮安康乃馨小贷公司董事长

创业人物名片：王应黎

江苏康乃馨纺织集团董事

财务副总经理

高级工商管理硕士

经济学在职博士

高级经济师

高级会计师

企业转型升级新思维

王应黎

现在公司的领导层主要都是 60 后、70 后，江山代有才人出，他们应主动为年轻人提供晋升的空间和平台。同时 60 后、70 后还要科学地为企业做好接班人——职业经理人的工作，让企业的文化得以传承，让企业的发展走向新道路。公司的人才大多以 80 后、90 后为主，60 后、70 后的也需要多多向他们学习，不仅学习新的知识事物，还要学习新的理念。这样不同年龄段之间才能更好地沟通，当然年轻一代也应向长辈们谦虚学习。时代快速发展，我们都需要不断学习提升自己以适应时代的需要和发展。

随着时代的进步，科技、信息技术迅猛的发展，企业面临的挑战和机遇也日益剧增。"互联网＋"、大数据 、云计算等逐渐走进人们的生活，悄无声息地改变着人们的生活方式。在现有大数据环境下，企业转型的问题也迫在眉睫。如何转型，如何改变观念，是应逐渐纳入企业发展战略的一个重要议题。下面就我个人的就业和创业经历谈一下关于民营企业转型升级的一些看法和见解。

一、人才转型升级、企业文化升级

在互联网经济快速发展的今天，又出现了创新 2.0 下的互联网发展新业态——"互联网 +"。简单来说，就是互联网加上各个行业。在互联网技术高速发展的环境下，我认为企业转型首先是人才的转型升级。由此可见，我们制造业也即将踏上"互联网 + 制造业"的征程，人才就成为了企业不可缺少的重要资源。现代企业管理层以 60 后、70 后为主导，在科技、管理观念日新月异的今天，企业需要引进新技术和互联网思维的人才。企业人员的分布需要增添新的活力——90 后，虽然 90 后的思想与上一辈人有很多差异，价值观也有异同。但是他们年轻、勇敢、敢于接受新鲜事物的挑战。我认为企业家应该用包容的心态去接纳他们，尝试去寻找他们身上的亮点。比如说创始人——温城辉，1993 年的潮汕小伙子，21 岁的时候就做了一家价值 10 亿元的公司。这不得不让我们对他发自内心的赞美。90 后身上有冒险精神，不怕困难的精神，善于挑战的精神，我真心被他们所打动，应给他们点一个大大的赞。我们需要新鲜的血液，不仅是指需要年轻一代专业型的工作人员，更需要专业的管理精英。大家觉得 90 后没有工作经验，更何谈管理。但是 90 后的专业知识较为丰富，他们中的有些人还作为交换生去别的国家学习到了新理念、新思想。企业现有的管理层，如果不能接纳新血液，故步自封，那么企业就不能更好地发展。我们首先需要转变的是我们企业家自身的思想观念，接纳包容 80 后、90 后，引进 80 后、90 后加盟企业。同时将有管理能力的 90 后优先晋升为管理层，让 90 后成为企业的主导力量，80 后为中坚力量，60 后、70 后成为企业发展的领航者。建设具有梯队的企业人才分布模型。让 90 后为 90 后发声，让 90 后为公司代言，说出他们内心对于企业建设的意见和想法，让他们参与到企业自身的建设中来，让他们看到 90 后也是企业中不可或缺的一员。

企业人才梯队建设完善后，还需要不断完善企业自身的文化建设，拓宽企业发展的境界和氛围。"一个没有企业文化的企业是个没有灵魂的企业，没有灵魂的企业也是一个毫无前途和希望的企业。"我相信优良的企业文化，不仅是企业立足的基石，更是吸引人才的重要因素，是企业不可磨灭的一个闪光点。"以人为本"是江苏康乃馨集团得以发展壮大的核心文化，我们不仅要用理念告诉员工，企业因为有了员工辛勤的劳动才会取得骄人的业绩，我们更要用实际的行动向员工证明，制度高于总裁，领导犯错同样要接受严厉的惩罚，制度面前人人平等。企业深厚的文化不仅可以吸引更多的优秀人才加盟，还可以提升企业自身形象，对于品牌传播以及企业未来的发展都具有深厚的影响。

二、"互联网+"对企业的影响

随着互联网科技的发展，互联网跟人们生活的联系越来越密切。创新 2.0、工业 4.0 的时代即将到来。"互联网+"最早于 2012 年被于扬在易观第五届互联网博览会上提出，到如今短短的二三年时间里，"互联网+"已经被纳入国家战略。2015 年 7 月 4 日，经李克强总理签批，国务院印发《关于积极推进"互联网+"行动的指导意见》。不久前的第二届世界互联网大会上，中国互联网发展基金会联合百度、阿里巴巴、腾讯共同发起倡议，成立"中国互联网+联盟"。这些商业大佬已经开始合作，我们民营企业也应追随时代的步伐，逐渐将互联网纳入企业发展战略之中。

"互联网+"说白了就是"两化"融合的升级版，将互联网作为当前信息化发展的核心特征，与工业、商业、金融业进行融合。两化融合的核心就是信息化支撑，追求可持续发展模式。

传统商业在互联网的冲击之下，有很大一部分企业都倒闭或者转行了，当然也有一些企业能认识到时代发展的需要，将实体经济与互联网经济联合起来，从而实行 B2B、B2C、O2O 模式。马云的淘宝网就是最成功的例子之一，带动了一批新的经济发展模式。通过"移动互联网＋工业"这项技术，传统制造商可以在家电、服饰等产品上增加网络硬件模块，客户可以实现远程操控，数据自动采集分析等功能，极大地提高了产品的使用体验，为客户提供了科学购买的决策。互联网的出现让我们的产品以最快、最便捷的方式呈现在消费者的面前，降低了营销成本，同时也拓宽了企业与消费者沟通的渠道。

工业企业未来的发展道路与互联网的链接，企业可以将机器等生产设施接入互联网，构建网络化物理设备系统，从而使各生产设备能够自动交换信息、触发动作和实施空间。机器与互联网的合作提高了生产制造的实时数据信息的感知、传送和分析，提高了生产资源的优化配置。这为企业的可持续发展奠定了坚实的基础。

互联网的发展速度惊人，企业必须要做出科学的决策，不能坐以待毙，不然只会被时代所淘汰。在企业的生产模式更新改造的同时，互联网对企业营销的模式产生了潜移默化的影响。企业的盈利模式也由最初的多产多利，到现在的薄利多销。消费者不仅注重产品的外在，更关注产品内在的质量。当今企业之间的竞争不仅是产品与产品之间的竞争，而且还是商业模式之间的竞争。电子商务的出现极大地方便了人们的生活。康乃馨公司也跟随时代的步伐，在原有的销售模式上成立了自己的电子商务模式，这不仅节约了人力成本，还节约了时间成本。

面对激烈的市场竞争，企业除了需要不断反省如何改进工艺、提高制成率，还要引进新科技新工艺，降低生产成本，提高劳动效率。除了创新产品的生产工艺之外，企业还要创新营销模式，通过对产品市场需求的搜集和分析，划分细分市场，创新产品的种类以及私人定制不断提高客户的满意度和忠诚度。用户的产品体验以及产品的建议对于企业也是宝贵的资源，企业可以通过定期回访客户，采集客户使用信息以及相关的建议和意见，方便与客户之间交流。我们不仅要给客户满意的舒适度，还要给消费者一个满意的服务过程。从企业产品的展示、介绍、免费体验、售出以及售后，都需要一套细致的服务过程，也就是所谓的保姆式服务。让我们的产品做到让顾客满意，让顾客放心。正如马云所说，一个企业家要把自己企业的产品、服务打造成艺术品，无人可以复制，无人可以超越，只有这样才能走得久，才能走得远。通过互联网技术对市场进行调研、分析，然后划分细分市场，根据企业的产品在细分市场中选择目标市场，从而进行市场定位。根据互联网获得顾客需求量以及购买力的信息、商业界的期望值，有计划地组织各项经营活动，通过相互协调一致的产品策略、价格策略、渠道策略和促销策略，为顾客提供满意的商品和服务而实现企业目标。企业借助互联网，以最宽的传播速度将产品传达给消费者。

三、管理创新

企业的管理应引进扁平化的管理模式，从原来的董事长、总经理、部门经理从上至下的分等级的管理模式，转向扁平化的发展模式。企业的高层领导不再是高高在上的人物，而应该转换为企业的领头羊，走在公司的最前端，后面带领着一支队伍，与员工一同奋战。管理人员应深入员工中去，跟员工一起交流企业现有的不足。在管理层需要引进新的人才，通过不同年龄段人群看到企业存在的问题，以及对于企业文化建设的意见和建议。

案例分析：

以前中外会议，尤其是那些正式的会议或宴会，非常讲究主宾的席位座次，一般都是让主人、尊者、长者居中而坐，宾客则根据其身份、地位、辈分，一左一右，依次安排在主位的两面；但如果碰巧客人都是显贵尊长，就不好办了。5世纪时，英国的亚瑟王想出了一个办法，即他和他的骑士们举行会议时，不分上下席位，围着圆桌而坐，这样就避免了与会者席位上下而引起的纠纷。于是便形成了"圆桌会议"。圆桌会议不分上下尊卑，含有与会者"一律平等"和"协商"的意思。第一次世界大战后，国际会议便大多采用圆桌会议的形式。"圆桌会议"一直沿用至今天。

在管理员工方面，我们需要给员工更多的信任。在我游学的一些企业中，他们的员工上班地点不仅局限于办公室，基于对员工的信任与支持，企业可以让员工在家办公，没有必要每天都来公司打卡签到，尤其是孕妇以及哺乳期的妈妈。但是前提是员工能够高效率地完成自己的工作，通过工作质量和工作量来展开对员工的绩效评价。

现在公司的领导层主要都是 60 后、70 后，江山代有才人出，他们应主动为年轻人提供晋升的空间和位置。同时 60 后、70 后还要科学地为企业做好接班人——职业经理人的工作，让企业的文化得以传承，让企业的发展走向新道路。公司的人才大多以 80 后、90 后为主，60 后、70 后也需要多多向他们学习，不仅学习新的知识事物，还要学习新的理念。这样不同年龄段之间才能更好地沟通，当然年轻一代也应向长辈们谦虚学习经验。时代快速发展，我们都需要不断学习，提升自己，以适应时代的需要和发展。

四、资本运作

工业 4.0 的出现，既是机遇也是挑战。机遇是我们如何通过工业转型，不断提高自身的效率，节能减排，创造资源利用最大化。通过技术代替人力劳动，并且实现一条龙式的生产流水线。挑战是我们如何在现有的生产基础上做到，将粗放的生产模式转变为简约的生产模式，并且还能够保护环境。企业商业模式的核心原则就是资源整合。整合就是要优化资源配置，就是要有进有退，有取有舍，也就是要取

148

得整体的最优。企业融资模式是商业模式的一种表现形式。企业在转型的过程中，可以引进新资本、新技术、新资源。这样不仅可以提升自身实力，提高资本运作效率，还可以提高企业决策的科学性和可行性，为企业上市奠定深厚的基础。随着众筹、项目融资等新兴筹融资项目的兴起，要想最快最优地获得融资，企业就要有新颖可行的项目及技术。任何一种商业模式最终是要达到股东价值最大化，最直接的目的就是要能够实现投资回报，实现收益。同时并购、债务重组也是增加资本力量的一种措施，通过第三方的加入实现一种新型的合作发展关系，不断规范管理模式，降低管理成本。通过资本的运作不断完善企业的管理模式，提高企业品牌效应，为企业上市做好充分的准备。但是前提是企业要根据自身的实际情况，做出科学决策，立足于企业可持续发展道路，不能盲目跟风。

五、企业自我观念的提升

企业转型最本质上还是要从企业自身出发，先从观念上改变，然后拿出具体措施。企业在新时代潮流的冲击下，应根据以往的经验和教训，不断地总结反思。然后面对新的经济环境，还要高瞻远瞩。互联网、物联网、物流网等发展，越来越刷新了人们对于技术的认知。互联网未来的发展不可限量，我们要做出准确的判断，这样企业才能立足于复杂的经济环境中。在平时的工作中不仅需要多学习了解新的知识来拓宽自己的视野，还要走出去多观察学习别人公司的管理、生产等先进的理念。因此，学习力就是竞争力！

六、带队伍、抓落实、出业绩

企业应对诸多的挑战，要通过制定切实可行的措施来应对一系列的挑战。作为管理层需要洞悉员工的心理，制定科学的团队规则。然后通过分工协作，剖析任务落实不力的根源，通过引入竞争机制来提高下属的落实能力。最后从细化考核指标入手，向下属灌输"结果意识"，快速提升团队业绩。在团队内部引入竞争机制不仅有利于打破大锅饭的形式，而且还有利于提高结构的进一步优化。90后是敢于创新、冒险的一代，我们应充分信任他们，在工作中给他们足够的信心去创造新产品。通过完成任务效率及价值量给予他们相对应的报酬，通过这种模式激发更多年轻人的创新能力。企业在执行的过程中，执行力是最关键的因素。有力落实的关键就是落实到位、看到结果。有时，落实不到位跟没落实没什么区别，甚至白白浪费了人力、物力和财力，团队成员所付出的努力也没有收到实际效果，这样的结果比不落实带来的结果还要糟糕。管理层想要抓执行，首先要制定科学、有效的落实机制，任务到人、责任到人，落实到位才有保障。作为领导层，应该身先士卒，通过自身的行动给员工做好榜样，用自身的行动感化自己的员工，建立起一个文明的企业风尚。

总之，在互联网信息高速发展的今天，国家出台了一系列的宏观经济政策。李克强总理在2014年的达沃斯论坛上提出了"大众创业、万众创新"的口号。创新转型不仅是企业需要面对的问题，更是值得中国所有人思考的、改变的。

河北省沧州市天悦饮食服务有限公司创始人

创业人物名片：王茹军

真情抒写人生　实干铸造辉煌

王茹军

　　创业是一个永恒的话题，其中的酸甜苦辣、坎坷曲折及其所付出的代价，恐怕只有身临其境者才能体会深刻。

　　创业如浪中行舟，要坚定信心，矢志不移，果敢地搏击冲浪，才能到达成功彼岸，这是王茹军对创业的感悟。

　　王茹军，1972 年 4 月出生，朴素、冷静、沉着、刚毅，初中毕业后开始打工学徒，吃尽苦头，受尽磨难，1997 年开启了自己的创业历程，白手起家创办了沧州市天悦饮食服务有限公司。历经十几年的打拼，虽尝尽了人间的酸甜苦辣，但他不畏艰难，从无到有，从小到大，以自立、自强、敢闯、敢干的性格，以特有的敏锐洞察力，凭借自己的顽强拼搏、自强不息的精神，使自己的企业从一家名不见经传的海鲜小餐馆，一跃发展成为沧州市第一家拥有三家直营餐饮店、一家大型主题酒店、一家快餐店的大型现代化餐饮企业。由此，践行了"创业致富，超越自我"的铮铮誓言，实现了"回报社会，展现价值"的人生理念，谱写了一曲"真情抒写人生，实干铸造辉煌"的华美篇章。

创业，永不落幕的篇章

创业，是一个永恒的话题，其中的酸甜苦辣、坎坷曲折及其所付出的代价，恐怕只有身临其境者才能体会深刻。王茹军出生在沧州市一个普通家庭，小的时候家境不是很宽裕，父辈们做一些维持生计的小生意，受家庭的熏陶，自小就有远大的梦想，十七八岁放弃了继续求学深造，毅然选择了餐饮行业，开始了自己的打工学徒之路。工作中从不喊苦叫累，以沧州人独有的那股韧劲，脚踏实地做好自己分内的事，经过几年的努力，熟练掌握了烹饪技术和工艺，为后来多次参加烹饪大赛并多次取得果蔬雕类、热菜类等金奖，打下了坚实的基础，且连续多年被行业授予省市级烹饪大师称号。

一个人要想成就自己的事业，实现自身的价值，除了要有过人的胆识外，还要能敏锐地觉察到创业的时机和找到生财点，1997年9月，王茹军感觉时机成熟，开始了自己的创业路程，先期在解放东路租用亲戚的房子开了一家名叫"隆华春海鲜城"的小餐馆。做餐饮的辛苦是众所周知的，创业初期，资金短缺，他便四处奔波，到处筹措；人手不够，一共只有6人，采购、打荷、上灶、收餐卫生，所有的活儿都自己带着干，每天起早贪黑，从1997年创业以来，每天都是凌晨四五点钟起床，带领着仅有的几名员工开始一天的工作，一直忙到晚上10点多，做海鲜要的就是一个"鲜"字，那时没什么运输工具，两年来他都是骑着三轮摩托采购货物，风雨无阻，冬天把脚冻得有时都肿得穿不上鞋。功夫不负有心人，在两年的时间里，收入还是很可观的，也渐渐地有了一些积蓄。"吃得苦中苦，方为人上人"，这是过去鼓励读书人发愤图强的一句俗语。创业也是一样，只有把勤劳当作一种资本，比别人在身心上付出得更多，才会取得更大的收获。

在尝到第一次创业的甜头之后，更增强了他创业的信心和动力，

1999年7月，他着手创建交通南大街大西洋海鲜城，规模扩大了，聘用的员工也增加了，生意也越来越红火。紧接着2002年8月，总店大西洋海鲜美食城挂牌营业，员工也增加了五六十人。可就在第二年，也就是2003年，本来开业以来生意还是很红火的，但突如其来的"非典"疫情一下把狮城餐饮业推到了"冬天"，餐饮生意几乎进了冰窖，当时很多饭店或关门或停业。但王茹军始终坚信疫情终将过去，于是他不仅没裁员，还向在"非典"期间就餐的顾客表示感恩，重新装修并扩大店面，确定发展目标，果然到2003年下半年，"非典"疫情过后，饭店、餐馆重现辉煌。他经营的海鲜美食城又接连扩建了三楼、四楼，创业完成一次大飞跃，带动就业200多人。十年磨一剑，自己终于完成了从打工仔到老板的转变，虽然身后的路还很长，困难还很大，任务还十分艰巨，但毕竟勇敢地走出了第一步，踏上了创业之途。

跨越，创业路上奏凯歌

发展没有终点，创业永无止境。面对成功的喜悦，王茹军并没有放慢奋进的脚步，而是把发展的眼光定得更高。他就是那种永远不满足现状、抗拒自己命运、创造新奇与成功的人。随着中国国民经济的高速发展，人们的生活水平越来越好，家庭越来越富裕，追求高品质的消费观念也越来越强烈，而且由于诚实经营、不断创新，他在行业和广大百姓之中树立了良好的口碑，形成了自己的品牌——大西洋。在这种情况下，企业扩大规模势在必行，接下来的10年间，企业一路前行，大刀阔斧、凯歌高奏，总店有了规模后，2012年又成立了旗舰店大西洋美食广场，2014年到达鼎盛时期，一举成立天悦大酒店、大西洋喜事汇，带动社会就业人数也达到了空前的800余人，其中有残疾人、下岗再就业人员、农民工第二职业等，为社会的再就业做出了巨大的贡献。创业成功后，王茹军诚心关爱职工，爱心扶贫帮困。多年来，他为社会创造价值、为公司创造利益、为员工创造财富、为汶川地震捐资捐物，同时在助学助教、社区扶贫的公益事业中也经常有王茹军的身影。因此，企业多次被政府及行业协会授予"优秀企业"等称号，并得到社会各界的一致好评。

腾飞，打造一流企业品牌

企业规模有了，可是竞争也越来越激烈了，在这种情况下王茹军为进一步提升企业标准化水平，打造沧州市餐饮标杆企业，经过考察探索，于2015年斥巨资导入中成伟业教育集团的优质服务、服务礼仪、4D安全现场管理、5+1薪酬绩效考核等一系列课程，加强对员工全面的培训学习，在规范服务行为、礼貌语言、食品卫生、食品安全等方面下足了功夫，为顾客提供最真诚、最贴心、最人性化的服务以及最安全、最健康的食品，最大限度地满足客户的物质、精神两大需求。现在的大西洋已经名声远播，全国各地慕名而来参观学习的也络绎不绝，为狮城餐饮业带来一道亮丽的风景线。

创业如浪中行舟，要坚定信心，矢志不移，果敢地搏击冲浪，才能到达成功彼岸，这是王茹军对创业的感悟。风雨十几载，始终锐意向前，虽然创业的过程是艰辛的，但创业成果却令人欣慰，也让人刮目相看，成为当之无愧的致富带头人。在王茹军的创业历程中，一个"创"字是最好的注解。正因为有了这个"创"字，他的事业才能在经历了一番风雨的洗礼之后，仍然能绽放出绚烂的光彩。

安徽芜湖诺铭商贸有限公司创始人

创业人物名片：严海霞

劲弩服饰品牌创始人

只要坚持 梦想总会实现

严海霞

发现问题，一定可以找到解决问题的办法。办法总比问题多，要相信自己，即便问题有时候自己可能解决不了，但是不要气馁，要相信，有问题就一定可以解决，而解决完问题之后，我们就有成长和进步了。

我于1981年11月出生在安徽省一个美丽的小城镇——庐江汤池，那里出过很多名人，比如三国时非常有名的周瑜。我的父母都是非常地道和本分的农民，而且因为家中兄弟姐妹众多，生活条件差，父母在我们上学的时候，就去县城做小生意，我的成长过程中，都是跟着爷爷奶奶在农村上学的，只有在放假期间才会到县城里和父母见面，并帮着卖点饮料做点家务，我就是那个父母外出打工，孩子跟着爷爷奶奶成长的典型代表。而像我们这种从小不能和父母天天待在一起的孩子，内心其实是非常渴望父母的关注，以及喜欢在父母身边做任何事情的。有时候我想，可能就是那时候，我去县城帮忙母亲卖点饮料，看到父母做小生意，在冥冥之中，我喜欢上了做生意，也导致了我后来走上了商场。

相比很多高学历的创业者，我算是起点低的，我只有大专学历，是真正的草根，土里生，地里长，靠不得别人，对不上政策，所以我

159

的打工成长经历真的很朴实、很实际，但是我想没有考上大学，或者没有机会去读硕士博士的人，可以向我看齐了。

2000 年我在学校读纺织专业，先后做了很多份工作，从纺织厂的工人到饭店服务员、推销员等都做过，后来留在了一家服装店从基层营业员被提升到管理层，那个时候有着满腔的热忱，记得在服装店上班时我有四个梦想，第一是想有一台电脑，第二是想有一套自己的房子，第三是想有一部属于自己的私家车，第四是想有一份属于自己的事业。可以发现，都非常实际，而我也一直朝着这个目标努力，真的一点一点实现了这四个梦想。

在我的打工和创业过程中，也遇到了很多困难，记忆犹新的是2005 年 5 月 12 日那天。那天我在上班，突然接到家里打来的电话，说我母亲突发脑溢血，生命垂危，我一路哭着跑到医院，当时看到母亲瞳孔放大，医生说随时都有可能走了，那个时刻感觉自己一下子长大，日夜守在母亲的病床前想着，只要母亲能渡过难关，她想要什么我都会努力给她，也就是这时候，我觉得为了母亲我必须努力、必须坚强，那时我辞了职陪母亲治疗，几个月后，母亲很幸运地保住了生命，虽然留下半身不遂的后遗症，但是我想没关系的，只要母亲还活着，就是一件很开心的事情，而我只要不断努力，我们的日子也一定可以越来越好。

因为母亲生病工作辞掉了，之后母亲出院，又该去找工作时，我就在犹豫，我是要继续去打工，还是可以去尝试发展自己的事业？那是 2006 年年初，经过深思熟虑后，我决心开一个属于自己的服装店，那时我没有钱，就找姐姐及朋友们借了差不多五万元，买了一本地图册，研究最近的几个城市人口数量、经济状况等，从选址到找店面我用了差不多 3 个月左右的时间，站在每个城市商业繁华的街道上，来回徘徊，饿了吃点馒头，从早晨 7 点到晚上 11 点回到旅社，我仔细整理记录街道的人流情况，男装店的进店率、成交率等，发现市区的服装店多，竞争力特别大，而县城的服装店投资小点，人流不错，竞争力也相对小点，这对于我们刚起步的人来说，无疑是比较好的选择，最终我就将目标锁定在县城，当时我是想着就先从农村开始逐渐包围城市。

开始的时候我在安徽省无为县的县城找到一家正转让的店面，当时心里特别高兴，可是一问价格以后，心就凉了一大截，房租加上转让费就已经差不多十万元了，而我凑起来才五万元多点。怎么办？难道就这样放弃？问问自己，我不甘心，硬着头皮给平时的好友和熟悉点的人打电话，结果一无所获（现在想来那时其实朋友们也都在上班，比较年轻，也确实没有什么存款），那晚我躺在床上一夜未眠，第二天，父亲看我的精神不佳有所察觉，拿出一张存折交给我，打开看里面有六万元，我当时眼泪就下来了，我知道那是父亲和母亲全部的家当，母亲生病后一直想回老家住，老家的房子早就没有了，父亲本来想拿这六万元在老家买房子让母亲安度晚年的。

"父亲，不用了，我不想开了。""孩子，这点困难算什么，不够明天父亲再帮你借点，做任何事都不要轻易放弃，办法是人想出来的，爸妈哪怕租一辈子房子也想给我女儿谋一条出路。"

拿着父亲买房子的钱我告诉自己再苦再累我也不怕，一定要成功，我有信心不会让父母亲失望的，终于，在 2005 年 4 月 6 日，那天我的第一个店铺顺利开业了，开张的第一天生意就很火爆，一万多元的销售额，虽然到了晚上下班后我的双腿和脚后跟都疼得不能走路，可是心里依然美美的。但是做生意本身就是一种挑战，销售也会有冷有热，每当收入下降时我就不断地去寻找原因，想尽一切办法去解决，生意上的每一个小细节绝不放过，功夫不负有心人，第一年年底就成功地还清了所有的借款，终于松了一口气。

2007 年我结了婚，接下来和丈夫商量要想做大做强首先必须创一个自己的品牌，建立一个团队，然后发展连锁加盟，"劲驽"就这样出现在大家眼中。然而事业路上都不是一帆风顺的，2008 年 1 月的一场百年难遇的大雪，让原本年底服装销售最旺的一个月变得冷冷清清，人们因交通不便上不了街，更别说购物了，仓库里原本备的全部家当几十万元冬装货品全部压仓，厂家又催要货款，眼看着年后天气又将渐暖，心情无法形容，还好两年来与厂家的关系以及信誉不错，厂家答应货款暂时可以缓缓。年后只好全部亏本处理，那年我损失了好几十万元。

原本资金就不雄厚的我一下子就陷入了艰难中，当时想必须快速地发展店铺壮大规模，规模大，原材料成本相对会低很多，销售渠道更多，库存消化也将有更多的机会，我说服合作的厂家做资金支持，同时建立了一支团队，开始正式发展连锁加盟，随着店铺数量以及人员的增加，我发现管理上也出现越来越多的问题，首先就是人员的问题，现在年轻人都比较怕吃苦，遇到一点困难就选择放弃或逃避，特别是到了年底旺季，有很多人早早辞职回家过年，店铺大量缺人，弄得我常常焦头烂额，仔细分析，我总结了一些原因，人们愿意坚持在一个地方上班绝大部分有三个理由：一是为了拿高工资，二是有自己发展的平台，三是有一个舒心的工作环境，以及同事之间其乐融融的氛围。思量后我开始建立一套完整的体制，让员工自己做公司的主人，主动承担起公司的责任，实行高额年终奖制，引进新人，放手让员工去大胆创新，给公司注入新的元素，根据每位员工的特长给予量身定做的工作和安排，尽量合理地运用每个人的优点并且使每个店员都有提升的机会，淡季休年假，并新增加了一些拓展训练、游戏等，让员工间更加团结。

后来，"互联网＋"的时代来临，传统服装业也越来越不好做，为此我也不断地主动探索和寻找解决办法，我花钱找人做销售网站，开拓网络销售公司，虽然在这个过程中，因为我的学识和技能都在"互联网＋"的领域显得比较薄弱，但是我从来不曾放弃，我不断在尝试，组建网络销售团队，开始O2O的研究，最后我发现，所谓"互联网＋"其实是一种方式，生活无论如何离不开衣食住行，而衣服是排在首位的。我为什么要去纠结和做自己并不擅长的事情呢？更多地，我可以与人合作，可以深入研究做好自己最擅长的事情，做男装的设计、生产和销售。而我通过门店卖还是通过网上卖又有什么不同呢？那都不过是一种销售的手段和方式而已，我已经有在三线县城的众多实体店，有服装的设计和生产经验、店铺的管理经验，我只需要在每一个环节和细节中再去分析，寻找更多开源节流的好方法，把握住消费者的心理，才能做得更好，走得更远。

我喜欢思考、做生意、经营和管理，我想我也需要更多的学习，所以我后期不断地和更多的企业家一起沟通和学习，我感觉在这个过程中我可以更多地提升自己，在我当年的四个梦想都实现的时候，我更想要的是一个女性成功的事业和幸福的家庭，而一个女性要想平衡好这两点需要有独立的人格魅力和知性而充实的内心，我现在还不具备这些，所以需要不断地学习和提升。

一路走来，"劲弩"的今天只是小有所成，而我始终将质量和服务放在第一位，这是我对事业的态度，也是我对自己人生的态度。我想，只要用一颗真心去发现、去服务、去经历，每一个顾客、家人都会感受到这份真心。

做事如做人，诚信是我们不变的基本原则，也是我们始终要贯彻下去的人生美好品德。

今天的我，也只是刚刚开始，我的事业、劲弩的事业都还在逐步的成长中，有人也会问我，你的成功是否可以和后来者分享，而我也乐于分享，相对于很多成功的企业家，我不算一个真正的成功者，但是我依然愿意分享，也希望在和大家的分享之中不断地提高和完善自我。

未来的创业之路，我愿意和所有的创业者一起，坚持这三点：

（1）诚实守信，脚踏实地。成功没有一步登天的捷径，我们要不断地努力，才能不断地实现我们的目标和梦想，所谓实践出真知，不辜负父母给予我们的美好人生。

（2）不断去总结和反省，不断学习新的知识。所谓温故而知新，唯有如此，我们才能不断地更新自己的"程序"，让自己不至于落后于时代。

（3）发现问题，一定可以找到解决问题的办法。办法总比问题多，要相信自己，即便问题有时候自己可能解决不了，但是不要气馁，要相信，有问题就一定可以解决。

我希望与众多的企业家们一起，不断地探索、坚持和开拓。总之，千里之行，始于足下，只要坚持，梦想总有实现的那一天。